Das Beste
aus
Südtirols Dorfkochbüchern

Das Beste aus Südtirols Dorfkochbüchern

4. Auflage

RAETIA

Abkürzungen

g	Gramm
kg	Kilogramm
l	Liter
ml	Milliliter
Msp.	Messerspitze
EL	Esslöffel
TL	Teelöffel

© EDITION RÆTIA, BOZEN 2024

4. Auflage
ISBN 978-88-7283-421-3
www.raetia.com

Grafisches Konzept: Dall'O und Freunde
Zeichnungen aus:
Henriette Davidis: Praktisches Kochbuch. O. O.: W. Herlet 1913.
Leonhart Fuchs: New Kreutterbuch. Basel 1543
Emil Ludwig: Physiologie des Geschmacks. In gekürzter Form übertragen von Emil Ludwig.
    Leipzig: Insel-Verlag 1913.
Katharina Prato: Süddeutsche Küche. 55. Auflage. Graz-Wien: Verlag Styria 1915.
Johann Rottenhöfer: Rottenhöfers Kochbuch. Neue vollständige theoretisch-praktische
    Anweisung in der feinen Kochkunst mit besonderer Berücksichtigung der herrschaft-
    lichen und bürgerlichen Küche. O. O.: Braun und Schneider 1858.
Rudolf Zäch: Die neuzeitliche Küche. Konstanz und Kreuzlingen: Carl Ehlers 1931.
Hans Ziegenbein / Julius Eckel: Was koche ich heute? 10. Auflage.
    Wien: Verlag Rudolf Wehle, o. J.
Coverfoto: mauritius images GmbH / Udo Bernhart
Rezepte aus: siehe Literaturverzeichnis
Redaktion: Anna Heiss, Eva Simeaner, Kathrin Geier
Druckvorstufe: Typoplus

Edition Raetia
verzichtet der Umwelt zuliebe
auf die Schutzfolie aus Plastik.

Meine Oma ist 88 Jahre alt. „Man lernt nie aus", sagt sie und ist immer noch offen für neue Kochrezepte. Das Kochen ist ein ganz zentrales Thema der Gespräche zwischen meiner Oma und ihren Freundinnen vom Brixner Domplatz.

Der Austausch mit ihnen ist ihr wichtig, will sie doch das eigene Kochen verbessern, Kinder und Enkelkinder mit gutem Essen beglücken, die Mahlzeiten abwechslungsreich gestalten und das eigene Repertoire an Rezepten ständig erweitern.

Da liegt ein riesiger Fundus an kochkünstlerischer Erfahrung in diesen Frauen. Die logische Konsequenz ist es, dieses Wissen und Können zu Papier zu bringen. So haben es Bäuerinnen und Hausfrauen aus Feldthurns, Obermais, Steinegg, Matan, Kaltern, dem Ahrntal und anderen Teilen Südtirols gemacht. Entstanden sind Dorfkochbücher: Rezeptsammlungen, oft handschriftlich verfasst und eigenverlegt, die sich großer Beliebtheit erfreuen. In ihnen finden sich die guten, althergebrachten Südtiroler Rezepte, nach denen wir für diese Publikation gesucht haben.

Frönen Sie Ihrer Lust an der einfachen, traditionellen Südtiroler Küche und lassen Sie sich von den wahren Südtiroler Meisterköchinnen in der Zubereitung unterweisen: unseren Müttern, Großmüttern, Tanten und Freundinnen!

Anna Heiss

Es war uns wichtig, die Köchinnen beim Namen zu nennen, jedoch konnten wir nicht sämtliche ausfindig machen. Alle Rezepte sind für vier Personen, Originalrezepte wurden teilweise zurückgerechnet, vage Angaben bei den Mengen wurden präzisiert.

Viel Freude beim Nachkochen!

Inhalt

Suppen

Vorspeisen

Hauptspeisen ohne Fleisch

Hauptspeisen mit Fleisch und Fisch

Nachspeisen, Gebäck

Verschiedenes

Suppen

Für die Suppe:
250 g getrocknete Bohnen
1,5 l Wasser
Salz
Pfeffer
Knoblauch
Lorbeerblatt
4 EL Wasser
2 EL Mehl
1 EL Butter
½ Zwiebel

Für die Polenta:
1 l Wasser
Salz
250 g Polentamehl

Bohnensuppe mit Polenta

Für die Suppe:

Die Bohnen am Vortag in kaltem Wasser einweichen und danach in 1,5 l
Wasser mit Salz, Pfeffer, Knoblauch und Lorbeerblatt circa 60 Minuten
weich kochen.
Lorbeerblatt entfernen und die Suppe samt Bohnen durch die Flotte Lotte
passieren (man kann auch den Stabmixer verwenden).
Etwas Wasser und Mehl zu einem Teig anrühren und in die passierte
Suppe rühren.
Butter erhitzen, die fein gehackte Zwiebel anrösten und abschließend unter
die Suppe rühren.

Für die Polenta:

Salzwasser aufkochen und das Polentamehl einrühren. Die Polenta sollte
nicht zu hart werden.

Tipp: Zu diesem Gericht passen Graukäse, Gorgonzola oder auch
geräucherter Bückling. Die Suppe, die man auch mit Nudeln anstelle der
Polenta servieren kann, eignet sich gut als Freitags- oder Fastenspeise.

Von Maria Scarizuola Pernter aus: „Mataner Kochbuch"

500 g Fisolen
300 g Tomaten
etwas Knoblauch
3 EL Olivenöl
Paprikapulver
1 l Gemüsebrühe
Salz

1 EL Olivenöl
4 Scheiben geröstetes Brot

Fisolensuppe

Fisolen hacken, Tomaten würfelig schneiden.
Knoblauch in 3 EL Olivenöl anbraten.
Fisolen und Tomaten dazugeben und für einige Minuten mitbraten,
nach Geschmack mit etwas Paprikapulver würzen.
Die kochend heiße Gemüsebrühe dazugeben und 30 Minuten kochen lassen.
Salzen und 1 EL Olivenöl beigeben.
Zum Anrichten eine Scheibe geröstetes Brot in einen tiefen Teller geben und
die fertige Suppe darüber gießen.

1,5 l Wasser
1 Handvoll Fisolen
150 g Selchfleisch
einige Schwarten von geräuchertem Speck
80–100 g Rollgerste
1 Kartoffel
1 Zwiebel
1 Karotte
Sellerieknolle und Petersilie
Salz
Pfeffer
1 Glas Milch
1 Knoblauchzehe

Gerstensuppe

Im Suppentopf das Wasser mit den gehackten Fisolen, dem Selchfleisch und den Schwarten aufstellen.

Sobald das Wasser kocht, die Gerste dazugeben und circa 2 Stunden kochen lassen.

Inzwischen Kartoffel, Gemüse und Grünzeug sehr klein, würfelig aufschneiden und in die Suppe geben.

Vorsicht! Grünzeug darf höchstens 30 Minuten kochen.

Mit Salz und Pfeffer abschmecken.

Ein Glas Milch und eine gepresste Knoblauchzehe dazugeben.

Einmal aufkochen lassen und vom Herd nehmen.

Tipp: Zum Verfeinern von einem Stück roher Speckschwarte den weißen Speck ganz fein abschaben und in die fertige Suppe geben.

3 EL Öl
2 EL Mehl
1 l Wasser oder Fleischsuppe
1 EL Butter
½ kleine Zwiebel
2 kleine Lorbeerblätter
Schale einer unbehandelten Zitrone
600 g Kutteln, gesäubert und vorgekocht
Salz
Weinessig
Knoblauch
Pfeffer

Saure Suppe

Das Öl erhitzen, Mehl hineinsieben und unter Rühren hellbraun werden lassen.
Mit kaltem Wasser oder Suppe aufgießen, mit dem Schneebesen glattrühren.
Die gehackte Zwiebel in Butter goldbraun werden lassen und dazugeben, Lorbeerblätter und Zitronenschale ebenfalls.
Die gut weich gekochten Kutteln in feine Streifen schneiden, dazugeben und nochmals gut durchkochen lassen.
Mit Salz, Essig, etwas Knoblauch und Pfeffer abschmecken.

3 EL Mehl
1 EL Butter
1 l Wasser
Salz
1 Ei

Brennsuppe

Mehl und Butter hellbraun anrösten, mit kaltem Wasser aufgießen, mit dem Schneebesen glattrühren, salzen und circa 30 Minuten kochen lassen.
Vor dem Servieren ein verquirltes Ei hinzufügen.

3 EL Weizenmehl
1 EL Butter
750 ml Milch
Salz
etwas hartes, gewürfeltes Roggenbrot

Milchbrennsuppe

Das Weizenmehl in Butter leicht anbräunen.
Mit kalter Milch aufgießen und mit dem Schneebesen kräftig rühren,
um Klumpenbildung zu vermeiden.
Kurz kochen lassen, mit Salz abschmecken und servieren.
Hartes Roggenbrot kann eingestreut werden.

1 Vinschger Paarlbrot oder 200 g Schwarzbrot
1 EL Butter
1 l Gemüsebrühe oder Fleischsuppe
Salz
Kümmel

Brotsuppe

Brot in Würfel schneiden, in etwas Butter anbräunen, mit der Suppe
aufgießen, Salz und Kümmel dazugeben, etwas kochen lassen.
Suppe servieren, bevor das Brot ganz aufgeweicht ist.

Von Maria Gruber Brunner aus: „Di Teldra Köscht"

1,5 l Gemüsebrühe oder Fleischsuppe
250 g Mehl
1 Ei
3–4 EL Wasser
½ EL Öl
Butter

Frigalsuppe

Gemüsebrühe oder Fleischsuppe aufsetzen.
Mehl, Ei und etwas Wasser zu einer eher trockenen Masse verrühren,
in die kochende Suppe bröseln.
Das Öl hinzufügen und kurz aufkochen lassen.
Die Suppe im Teller mit zerlassener Butter abschmelzen.

Von Hildegard Rizzolli Franzelin aus: „Mataner Kochbuch"

2 Eier
200 g Mehl
Salz
750 ml Milch
250 ml Wasser

Milchsupp mit Friegalan

Eier, Mehl und Salz zu einem festen Teig verarbeiten, mit einem
groben Reibeisen den Teig zu kleinen Friegalan reiben.
Milch und Wasser aufkochen, salzen, die Friegalan beigeben,
circa 3 Minuten köcheln lassen und abschmecken.

2 l Gemüsebrühe oder Fleischsuppe
Salz
1 EL Schnittlauch
4 harte Semmeln
1 Ei
1 nussgroßes Stück Butter

Panadelsuppe

Die Gemüsebrühe oder Fleischsuppe zum Kochen bringen und mit Salz
abschmecken.
Den Schnittlauch fein schneiden und hinzugeben.
Die Semmeln grob würfeln und zur Suppe geben.
Die Suppe mit einem Schneebesen fein rühren, das Ei und die Butter
dazugeben und nochmals kurz aufkochen lassen, bis die Eimasse stockt.

Von Martha Brunner aus: „Mataner Kochbuch"

Für die Frittaten:
80 g Mehl
2 Eier
125 ml Milch
Salz
1 EL Butter oder Öl

1 l Gemüsebrühe oder Fleischsuppe
Schnittlauch

Frittatensuppe

Für die Frittaten:
Mehl, Eier, Milch und Salz mit dem Schneebesen zu einem glatten Teig
verrühren.
In einer Omelette-Pfanne etwas Öl oder Butter heiß werden lassen,
mit einem Schöpfer den flüssigen Teig dünn verteilen und die Frittaten
goldgelb backen.
Frittaten auf einem Brett auskühlen lassen und dann in dünne Streifen
schneiden.

In heißer Suppe mit Schnittlauchröllchen servieren.

Von Maria Gruber Brunner aus: „Di Teldra Köscht"

Für die Suppe:
250 g Rindfleisch (Hals, Schulter)
etwas Öl
150 g Zwiebel
30 g Tomatenmark
15 g Paprikapulver, edelsüß
1 TL Essig
3 EL Rotwein
Salz, Pfeffer
250 ml Fleischsuppe oder Wasser
1 Lorbeerblatt
200 g Kartoffel
20 g Mehl
Salz
fein gehackter Knoblauch
Kümmel
Majoran
etwas Zitronensaft

Gulaschsuppe

Das Fleisch in Würfel schneiden und im heißen Öl anrösten.
Die Zwiebeln dazugeben und etwas mitrösten.
Tomatenmark beigeben und wiederum kurz mitrösten.
Das Paprikapulver beifügen und mit wenig Essig und dem Rotwein ablöschen.
Sobald der Rotwein zur Gänze eingekocht ist, mit Salz und Pfeffer leicht würzen.
Mit Wasser oder Fleischsuppe aufgießen.
Die Suppe circa 35 Minuten lang köcheln lassen. Öfters umrühren.
Kartoffeln würfelig schneiden.
Das Lorbeerblatt sowie die Kartoffeln beigeben und die Suppe noch circa 10 Minuten kochen lassen.
Die Suppe kurz vor Ende der Garzeit mit in etwas kaltem Wasser angerührtem Mehl leicht abbinden, mit ein wenig Salz und den Gewürzen abschmecken.

1 Zwiebel
2 mittelgroße Kartoffeln
1 EL Butter oder Öl
1 EL Mehl
1 l Gemüsebrühe oder Fleischsuppe
100 g weißer, körniger Graukäse

Käsesuppe

Die Zwiebel und die Kartoffeln in kleine Würfel schneiden
und in Butter oder Öl anbraten, mit etwas Mehl anstauben
und mit der Suppe aufgießen.
Den Graukäse zerbröseln und mit der Suppe leicht sieden lassen.

Von Maria Gruber aus: „Di Teldra Köscht"

600 g Kartoffeln
1 mittelgroße Zwiebel
1 EL Butter
300 ml Wasser
Salz
Pfeffer
700 ml Milch
etwas Essig oder Zitronensaft
3 EL fein gehackte Kräuter (z.B. Kerbel, Estragon,
Majoran, Thymian, Minze, Petersilie)
1 Msp. Muskatnuss
4 EL geröstete Schwarz- oder Weißbrotwürfel

Unterlandler Kartoffelsuppe

Kartoffeln und Zwiebel grobwürflig hacken.
Zwiebel in zerlassener Butter glasig werden lassen, Kartoffelwürfel
dazugeben, mit Wasser ablöschen, aufkochen und circa 20 Minuten weiter
köcheln lassen.
Mit Salz und Pfeffer abschmecken.
Suppe im Mixer pürieren, erneut aufkochen lassen und dabei langsam die
Milch unterrühren.
Mit einem Schuss Essig oder Zitronensaft, den Kräutern sowie einer Prise
geriebener Muskatnuss abschmecken und die Suppe mit gerösteten
Brotwürfeln servieren.
Falls keine frischen Kräuter vorhanden sind, können auch getrocknete
verwenden werden.

Von Heinrich Abraham aus: „Mataner Kochbuch"

1 Zwiebel
1 mittelgroßer Kürbis
1 EL Sonnenblumenöl
500 ml Wasser
2 EL Gemüsebrühe
Salz
Pfeffer
Muskatnuss
200 ml Sahne

Kürbiscremesuppe

Zwiebel hacken, Kürbisfleisch in kleine Würfel schneiden und in Öl anbraten.
Das Wasser und die Gemüsebrühe dazugeben.
Alles kochen, bis der Kürbis weich ist.
Pürieren, würzen und mit Sahne verfeinert servieren.

Tipp: Wenn man eine Kürbiscremesuppe etwas abändern möchte, kann man
sie mit orientalischen Gewürzen wie Ingwer, Curry oder Kurkuma verfeinern.

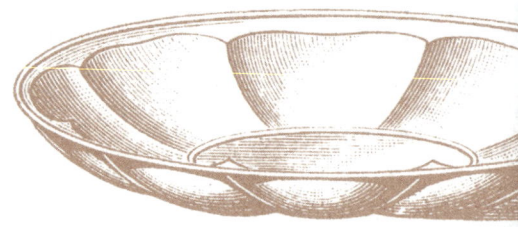

Von Aaron Putzer mit seiner Mutter Christine Kerschbaumer
Putzer aus: „Mataner Kochbuch"

1 Zwiebel
2 Knoblauchzehen
1 EL Butter
600 g frische Champignons oder Steinpilze
1 EL Mehl
125 ml Weißwein zum Ablöschen
500 ml Fleischsuppe
4 EL Sahne
Salz
Pfeffer

Pilzcremesuppe

Gehackte Zwiebel und Knoblauch in Butter anrösten, gehackte Pilze
dazugeben.
Mit Mehl anstauben und mit etwas Weißwein ablöschen.
Mit Fleischsuppe aufgießen und circa 20 Minuten köcheln lassen.
Durchmixen, mit Sahne verfeinern und nach Geschmack würzen.

200 g weißer Spargel
1,5 l Wasser
50 g weißer Teil vom Lauch
30 g Knollensellerie
1 mittelgroße Kartoffel
50 g Zwiebel
20 g Butter
40 g Weizenmehl
1 Lorbeerblatt
15 ml Sahne
Salz
Pfeffer aus der Mühle
Schnittlauch

Spargelcremesuppe

Den Spargel schälen und die Enden abschneiden.
Aus den Spargelschalen und den abgeschnittenen Enden eine Spargelbrühe herstellen. Dafür die Spargelabschnitte waschen und im Wasser circa 15 Minuten lang kochen und abseihen.
Die Spargel in der Brühe leicht kochen, dann herausnehmen, die Spargelbrühe aufbewahren.
Die Spargel in Stücke schneiden, die Spargelspitzen für die Einlage beiseitelegen.
Das Gemüse und die Kartoffeln in feine Würfel schneiden und in Butter andünsten.
Die Spargelstücke beigeben und mitdünsten, mit Mehl bestäuben und die heiße Spargelbrühe unter ständigem Rühren beigeben.
Lorbeerblatt dazugeben, 20 Minuten kochen lassen.
Das Lorbeerblatt wieder herausnehmen.
Die Suppe fein mixen und nochmals aufkochen lassen.
Mit Sahne verfeinern, mit Salz und Pfeffer abschmecken und mit den Spargelspitzen und dem gehackten Schnittlauch anrichten.

Aus: „Das KVW-Kochbuch"

2 Lauchstangen
2 EL Butter
1 EL Mehl
1 l Wasser
Salz
1 EL Parmesankäse
4 EL Sahne

Lauchsuppe

Lauchstangen klein aufschneiden, in Butter anrösten, mit Mehl anstauben und mit Wasser aufgießen.
Leicht salzen und 20 Minuten kochen lassen.
Zum Schluss mit Parmesankäse und etwas Sahne abschmecken.

1 Handvoll Spinat
2 Karotten
2 Kartoffeln
500 ml Wasser
Salz
Maggi
etwas Butter
geriebener Parmesankäse

Spinatsuppe

Gemüse klein schneiden, in 500 ml Wasser weichkochen.
In der Flotten Lotte durchpassieren (oder mit dem Stabmixer pürieren).
Mit Salz und Maggi abschmecken.
Etwas Butter dazugeben und mit geriebenem Parmesankäse garniert
servieren.

250 ml Kraft- oder Fleischsuppe
125 ml Weißwein (Weißburgunder)
100 ml Sahne
3 Eigelb
Muskatnuss
Zimt
Salz

Kolterer Weinsuppn

Die abgeschmeckte Suppe mit dem Weißwein in einen Topf geben.
Die Sahne mit dem Eigelb verrühren und ebenfalls zur Suppe geben.
Anschließend die Suppe erhitzen und mit einem Schneebesen schaumig
schlagen, ohne dass das Eigelb gerinnt.
Die Suppe darf nie kochen!
Sobald die Suppe eine cremig-schaumige Konsistenz erreicht hat, mit
Muskatnuss, Zimt und Salz abschmecken.

Tipp: Am besten gelingt die Weinsuppe, wenn Sie die Suppe im heißen
Wasserbad schaumig schlagen.

80 g Kalbsmilz
20 g Zwiebel
½ Knoblauchzehe
10 g Butter
1 Eigelb
1 EL Petersilie
½ TL Majoran
1 Prise Muskatnuss
Salz
Pfeffer
1 Eiweiß
4–6 Weißbrotscheiben

Milzschnitten

(Suppeneinlage)

Die Kalbsmilz mit dem Fleischklopfer klopfen, aufschneiden und mit einem Esslöffel ausschaben.

Die Zwiebel und den Knoblauch fein schneiden, in der Butter dünsten, auskühlen lassen und mit der Milz, dem Eigelb und den Gewürzen vermischen.

Das Eiweiß zu Schnee schlagen und unterheben.

Die Masse mit einem Löffel etwa einen halben Zentimeter dick auf die Brotscheiben streichen und diese in heißem Fett auf beiden Seiten 3–5 Minuten backen.

Die Milzschnitten auf Küchenkrepp auskühlen lassen und in etwa 1 cm lange Schnitten schneiden.

Servieren Sie die Milzschnitten in einer Fleischsuppe mit Schnittlauch.

Vorspeisen

300 g faschierte Leber
Knoblauchsalz
Petersilie und Schnittlauch
1 Zweiglein Majoran
1 EL Pflanzenöl
3 Eier
300 g klein geschnittenes Weißbrot
1 EL Mehl
etwas Wasser oder Milch

Leberknödel

Leber gut mit dem Knoblauchsalz und den Kräutern vermischen.
Öl und Eier unterrühren, das Brot und das Mehl mit der Leber zu einem
Teig kneten.
Bei Bedarf etwas Wasser oder Milch dazugeben.
Eventuell mit Hilfe eines Löffels die Knödel formen und in Salzwasser oder
Fleischsuppe 15 Minuten leicht kochen lassen.

Tipp: Die Knödel kann man als Vorspeise mit Suppe servieren.
Als Hauptspeise passen Krautsalat oder Rübenkraut.

Von Johanna Tratter aus: „Di Teldra Köscht"

6–7 altbackene Semmeln
100 g reifer (Ahrntaler) Graukäse oder nach Belieben
scharfer Gorgonzola, Gouda, Emmentaler
Salz
2 EL Mehl
Schnittlauch
4 Eier
3 EL Wasser
150 g Butter
geriebener Parmesankäse

Käseknödel

Das Brot fein würfeln und den Käse zerkleinern.
Brot, Salz, Mehl, gehackten Schnittlauch und Käse gut durchmischen.
Dann die Eier und nach Bedarf Wasser dazugeben, zu einem Teig
verarbeiten und alles etwas durchziehen lassen.
5–7 cm große Knödel formen.
In kochendem Salzwasser 10 Minuten ziehen lassen.
Butter zerlassen.
Mit Butter, Parmesankäse und Schnittlauch bestreut auf einer Platte
servieren.

Tipp: Dazu passt grüner oder gemischter Salat.

300 g Knödelbrot
1/8 l Milch
1 Zwiebel
150 g Bauchspeck
2 EL Butter
2 Eier
2 EL Mehl
Etwas Salz
Etwas Petersilie und Schnittlauch

Speckknödel

Das Knödelbrot in eine Schüssel geben. Die Milch leicht erwärmen, über das Knödelbrot geben und gut durchmischen. Jetzt die Zwiebel und den Bauchspeck in kleine Würfel schneiden und in Butter in einer Pfanne anrösten. Den angerösteten Speck und die Zwiebel unter das Knödelbrot mischen, dann die Eier dazu. Wenn die Masse zu weich ist, etwas Mehl dazu. Salz, feingeschnittene Petersilie und Schnittlauch unter die Knödelmasse mischen. Gut durchkneten und noch 15 Minuten ziehen und rasten lassen. In einem großen Topf Salzwasser zum Kochen bringen. Kleine Knödel formen und hineingeben, die Hitze reduzieren und 15 Minuten leicht köcheln lassen.

Tipp: Unerfahrene Köche können einen Probeknödel kochen, um festzustellen, ob der Teig die richtige Konsistenz hat. Wer ganz unsicher ist, kann die Knödel auch in einem Dampfeinsatz dämpfen, da können sie nicht zerfallen.

100 g Käse (sehr reifer Graukäse, Gorgonzola,
reifer Camembert, Brie oder Käsereste)
250 g Knödelbrot
etwas Milch oder Buttermilch
Mehl
Salz
fein gehackte Petersilie
2–3 Eier
Pflanzenöl zum Anbraten

Pressknödel

Käse klein würfeln.
Knödelbrot, Käse, Milch, Mehl, Salz und fein gehackte Petersilie gut
vermischen.
Wichtig ist, dass der Käse mit dem Brot gut vermischt ist, die Käsemenge
kann man nach Geschmack selber bestimmen.
Die Eier in den Teig einarbeiten.
Die Knödel formen und dann platt drücken.
In heißem Fett (geschmacksneutrales Pflanzenöl) werden sie beidseitig
gebraten und anschließend in kochendem Salzwasser circa 6 Minuten
gekocht.

Von Gretl Eder aus: „Di Teldra Köscht"

4 altbackene Semmeln
Zwiebel
Petersilie
1–2 Eier
250 ml Milch
1,5 l Wasser
Salz
etwas Butter

Serviettenknödel

Das kleinwürfelig geschnittene Brot mit angerösteten Zwiebeln und feingehackter Petersilie vermischen, mit Eiermilch übergießen, gut durchkneten und zu einer Rolle formen.
Eine Stoffserviette in heißes Wasser tauchen und auswringen.
Die Rolle darauf legen, fest einwickeln, an beiden Enden abbinden und circa 30 Minuten in Salzwasser kochen.
Stoffserviette vorsichtig öffnen und den Serviettenknödel auf ein Schneidebrett legen.
Circa 1 cm dicke Scheiben abschneiden und vor dem Servieren noch mit etwas brauner Butter beträufeln.

1 l Milch
Salz
500 g grober Weizengrieß
4 Handvoll Knödelbrot
2 EL Butter
4 Eier

Grießknödel

Die Milch aufkochen, salzen, den Weizengrieß einrühren, kurz aufkochen
lassen, vom Herd nehmen.
Knödelbrot in Butter anrösten und mit den Eiern unter den Teig mischen.
Der Knödelteig soll ziemlich fest sein.
Knödel formen und 10 Minuten im Salzwasser kochen.

Tipp: Passt zu Fleisch, Salat oder als Suppeneinlage.

300 g altbackenes Weißbrot
250 ml Milch
300 g Schnittkäse (Emmentaler, Tilsiter, Gouda)
1 Zwiebel
1 EL Mehl
3 Eier
2 EL Schnittlauch und Petersilie
Salz

80 g Butter
60 g Parmesankäse

Kasnocken

Über das klein geschnittene Knödelbrot die lauwarme Milch gießen,
einweichen lassen.
Den Käse kleinwürfelig schneiden, mit der in Butter angerösteten Zwiebel,
Mehl, den Eiern, Schnittlauch, Petersilie und Salz zum Brot geben.
Gut vermischen.
Mit einem Esslöffel die Masse in der flachen, nassen Hand zu Nocken
formen, in Salzwasser 15 Minuten leicht kochen lassen.

Mit Parmesankäse bestreuen und mit brauner Butter übergießen.

250 g Topfen
2 Eier
2 EL Vollkornweizenmehl
2 EL Brösel

80 g Butter
3 EL Parmesankäse

Topfennocken

Alle Zutaten gut verrühren, mit einem Löffel Nocken formen
und in kochendes Salzwasser geben.
10 Minuten kochen lassen.

Mit geschmolzener Butter und geriebenem Parmesankäse anrichten.

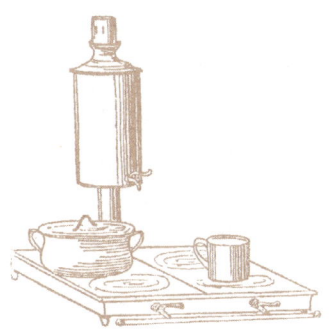

300 g altbackenes Brot
500 ml Milch
1 kg Spinat
etwas Wasser
100 g Schnittkäse
150 g Mehl
3 Eier
3 EL Öl
Salz
Pfeffer
Muskat

100 g Butter
3 EL geriebener Parmesankäse

Spinatnocken

Das Brot in kleine Stücke reißen, mit kochender Milch übergießen,
salzen und weich werden lassen.
Spinat sehr gut waschen, mit wenig Wasser dämpfen, ausdrücken und
grob hacken.
Anschließend in Butter dünsten, bis er eher trocken ist.
Auf einem Brett werden dann Brot, Spinat, Käse und Mehl mit den Eiern,
dem Öl und den Gewürzen zusammengeknetet.
Der Teig muss eher weich bleiben.
Kleine Rollen drehen und 2–3 cm große Stücke abschneiden,
kleine Kügelchen formen und in Salzwasser kochen.
Wenn sie nach oben schwimmen, sind sie gar.

Mit brauner Butter und Parmesankäse anrichten.

Aus: „Südtiroler Küche für alle Tage"

Für die Fülle:
½ Zwiebel
1 Knoblauchzehe
2 EL Mehl
150 ml Wasser oder Suppe
4 EL durchpassierten Spinat
etwas Petersilie oder Schnittlauch

Für den Nudelteig:
250 g Weizenmehl
250 g Roggenmehl
3 Eier
Wasser
Salz

Butter und Parmesankäse zum Garnieren

Schlutzkrapfen

Für die Fülle:
Gehackte Zwiebel und Knoblauch anrösten, Mehl dazugeben, mit etwas
Wasser oder Suppe aufgießen, Spinat zugeben.
Mit etwas Petersilie oder Schnittlauch abschmecken.

Für den Nudelteig:
Aus Mehl, Eiern, Wasser und Salz einen Nudelteig kneten.
Austreiben und runde Formen ausstechen, gehäuft Fülle auftragen.
Die Ränder zusammendrücken.
Die Schlutzkrapfen in kochendes, gesalzenes Wasser geben
und 10 Minuten kochen lassen.
Mit zerlassener Butter und Parmesankäse servieren.

Agnes Tauber aus: „Miår Feldthurner kochen"

Für die Spatzln:
500 g Spinat
350 g Mehl
3 Eier
3 EL Öl
Salz

Für die Schinken-Sahne-Soße:
250 ml Sahne
150 g Schinken
Salz
Pfeffer

Butter
geriebener Parmesankäse

Spinatspatzln

Für die Spatzln:
Spinat gut waschen und roh passieren.
Mehl, Eier und Öl mit dem Spinat zu einem Teig schlagen, er soll Blasen machen.
Salzen, wenn nötig etwas kaltes Wasser dazugeben.
Durch eine Spatzlraffel in reichlich Salzwasser drücken.
Wenn sie an die Oberfläche kommen, sind sie gar.

Für die Schinken-Sahne-Soße:
Die Sahne erhitzen (nicht kochen), den klein geschnittenen Schinken dazugeben, salzen und pfeffern.
Über die Spatzln geben und gut durchmischen.

Mit brauner Butter übergießen und mit viel geriebenem Parmesankäse bestreuen.

400 g Weizenmehl
Wasser nach Bedarf
5 Eier
Salz

zerlassene Butter
Schmelzkäse
Schnittlauch

Käsespätzle

Zum Mehl etwas Wasser dazugeben und mit dem Schneebesen
glatt rühren, die Eier dazugeben, salzen und einen etwas festen Teig rühren,
der mit dem „Spätzlehobel" oder mit einem kleinen Löffel (so machte man es
früher) in viel kochendes Salzwasser geträufelt wird.
Sobald die Spätzle im Wasser schwimmen, abschöpfen und weiteren Teig
einträufeln.

Butter und Käse darüber schmelzen und mit fein geschnittenem Schnittlauch
garnieren.

Für den Teig:
500 g Mehl
4 Eier
Salz
1 EL Wasser

Parmesankäse
Butter

Hausgemachte Eiernudeln

Die Zutaten auf einem Brett zu einem Teig kneten, in zwei Teile teilen, dünn ausrollen, etwas abtrocknen lassen, in dünne Streifen schneiden, in Salzwasser kochen, abseihen.

Mit geriebenem Parmesankäse und brauner Butter servieren.

100 g Steinpilze oder Champignons
100 g Zwiebel
50 ml Olivenöl
100 g geräucherte Scheiben Speck
20 g Tomatenmark
400 g geschälte und passierte Tomaten
Salz
Pfeffer aus der Mühle
2 Knoblauchzehen
1,5 l Wasser
300 g Penne
2 getrocknete Chilischoten
6 Basilikumblätter
50 g geriebener Pecorino oder Parmesankäse

Penne all'arrabbiata

Pilze putzen und in Stücke schneiden.
Die Zwiebeln in dünne Streifen schneiden und in heißem Öl anschwitzen.
Den Speck ebenfalls in Streifen schneiden, zu den Zwiebeln geben und gut anrösten.
Die Pilze mit den Speckstreifen anschwitzen.
Das Tomatenmark dazugeben und etwas mitziehen lassen.
Mit den geschälten und passierten Tomaten aufgießen und 20 Minuten kochen lassen.
Die Soße mit Salz und Pfeffer würzen und den fein geschnittenen Knoblauch dazugeben.
Die Nudeln in reichlich Salzwasser „al dente" kochen, abgießen und zur Soße geben.
Soße und Nudeln gut vermischen, anschließend die Chilischoten, die Basilikumblätter und den Pecorino oder Parmesankäse dazugeben.

1 kg Kartoffeln
2 Eigelb
150–200 g Mehl
Salz
Öl

Erdäpfelriebl

Die Kartoffeln dämpfen, schälen, durch die Kartoffelpresse drücken und
abkühlen lassen.
Das Eigelb unterrühren.
Anschließend Mehl dazugeben, bis eine lockere Masse entsteht, salzen.
Das Öl in einer Pfanne erhitzen, die Kartoffelmasse hineingeben.
Die Masse auf allen Seiten anrösten, zerhacken und immer
wieder wenden, bis die Kartoffeln die gewünschte Farbe haben.

Tipp: Den Erdäpfelriebl am besten in einer Eisenpfanne („Roaschtpfanne")
braten. Dazu passt gut Rettich- oder Krautsalat.

Von Karla Morandell Franzelin aus: „Mataner Kochbuch"

1 kg Kartoffeln
800 g Wirsing
Salz
80 g Butter
200 g geriebener Parmesankäse

Purè di patate e verza

(Kartoffel-Wirsing-Püree)

Kartoffeln schälen und in kleine Stücke schneiden.
Kartoffeln mit Wirsing leicht bedeckt in gesalzenem Wasser bei
geringer Hitze kochen (Wasser nie ganz verdampfen lassen!).
Wenn das Gemüse gut durch ist, Butter und Parmesankäse beimengen.
Rühren, bis ein weiches Püree entstanden ist.

Von Lucia Silvestri Baraffaldi aus: „La cucina siamo noi"

1 kg Kartoffeln
1 mittelgroße Zwiebel
300 ml Gemüsebrühe
4 EL Weinessig
4 EL Sonnenblumenöl
½ TL mittelscharfer Senf
1 Prise Zucker
3 EL Petersilie, gehackt
1 Prise Pfeffer
60 g Kresse
Salz
etwas Pflaumenessig

Kartoffelsalat

Die Kartoffeln 20–30 Minuten dämpfen und abkühlen lassen,
danach schälen und in Scheiben schneiden.
Die Zwiebel schälen und in feine Streifen oder halbe Ringe
schneiden bzw. hobeln.
Die Gemüsebrühe mit dem Weinessig, Sonnenblumenöl, Senf
und Zucker erhitzen.
Die Zwiebelstreifen dazugeben und einige Minuten köcheln lassen.
Den Sud über die Kartoffelscheiben gießen.
Petersilie hacken und mit frisch gemahlenem Pfeffer und Kresse unter die
Kartoffeln mengen.
Eventuell mit etwas Salz abschmecken und mit ein paar Spritzern
Pflaumenessig verfeinern.

Tipp: Da die Kartoffeln je nach Sorte oft viel Flüssigkeit schlucken,
empfiehlt es sich, etwas mehr Dressing zuzubereiten, um bei Bedarf
entsprechend mehr dazugeben zu können.

Von Agnes Moser aus: „Lasagne, Couscous, Knödel"

500 g Mehl
100 ml Milch
100 ml Wasser
8 Eier
Salz
Pfeffer
200 g Speck

Tschutsch

Aus dem Mehl, der Milch und dem Wasser einen Teig anrühren.
Dieser sollte etwas zähflüssig sein.
Die Eier nach und nach einrühren, bis man einen glatten Teig hat.
Je nach Belieben würzen.
Den Speck würfelig schneiden und in einer heißen Pfanne kurz anrösten.
Den Speck unter die Teigmasse mischen und auf ein Backblech streichen.
Im Ofen bei 180–200 °C circa 20 Minuten herausbacken.

Tipp: Dazu werden traditionell Sauerkraut und auch Blutwurst serviert.

3 EL grobes Buchweizenmehl
2 EL Weizenmehl
Salz
etwas Milch
2 Eier
100 g geselchter Bauchspeck

Schwarzplentener Tschutsch

Mehl, Salz und Milch zu einem glatten Teig rühren.
Eier und den in Würfel geschnittenen Bauchspeck unterheben.
Eine Rein einfetten, Teig hineingeben und im Ofen goldgelb
bei 180 °C circa 20 Minuten backen.

Tipp: Als Beilage dazu passt Krautsalat.

Von Edith Oberberger Stürz mit ihrem Ehemann Anton Stürz aus:
„Mataner Kochbuch"

4 Teile Wasser
1 Teil Polentamehl
Salz
zerlassene Butter
Graukäse, Parmesankäse oder Marmelade

Polentapfanne

In einer Pfanne Wasser zum Kochen bringen, Polentamehl einrühren und salzen.
Nach etwa 5 Minuten die Hitze reduzieren und die Polenta weitere 30 Minuten ziehen lassen.
Die Polenta sollte anlegen, ohne anzubrennen.
Über die Polenta reichlich zerlassene Butter und geriebenen Graukäse oder Parmesankäse geben.

Variante: Statt Käse Marmelade über die Polenta verteilen.

Von Notburga Hofer Kunig aus: „Di Teldra Köscht"

Für die Spargelbrühe:
500 ml Wasser
Salz
1 Prise Zucker
etwas Milch
etwas Butter
300 g weißer Spargel
100 g grüner Spargel

Für den Risotto:
50 g Zwiebelwürfel
2 ml Olivenöl
300 g Rundkornreis
(Arborio oder Vialone Nano)
5 ml Weißwein
40 g Butter
40 g Parmesankäse
Pfeffer aus der Mühle
frische Kräuter oder
gehackter Schnittlauch
1 Tomate

Risotto mit Spargel

Für die Spargelbrühe:
Das Wasser mit Salz, einer Prise Zucker, etwas Milch und
etwas Butter zum Kochen bringen.
Darin die geschälten Spargel circa 12 Minuten kochen.
Spargel herausnehmen.

Für den Risotto:
Die Spargel in kleine Stücke schneiden, die Spargelbrühe wiederum
zum Kochen bringen.
Die Zwiebel im Öl leicht goldgelb andünsten, den Reis dazugeben
und unter ständigem Rühren den Reis glasig werden lassen.
Mit Weißwein löschen. Mit der heißen Spargelbrühe nach und nach
aufgießen und unter ständigem Rühren circa 15 Minuten „al dente"
kochen.
Die Spargelstücke dazugeben, die Butter und den Parmesan unterheben.
Mit etwas Pfeffer aus der Mühle nachwürzen.
Mit frischen Kräutern wie Kerbel oder gehacktem Schnittlauch
und einigen Tomatenwürfeln verfeinern.

2 EL Olivenöl
1 Zwiebel
450 g Reis
125 ml Teroldego
600 ml Fleischsuppe
1 nussgroßes Stück Butter
geriebener Parmesankäse

Risotto al Teroldego
(Teroldego-Risotto)

In einem Kochtopf Öl leicht erhitzen und die gehackte Zwiebel darin für einige Minuten leicht anrösten.
Den Reis und den Wein dazugeben.
Sobald der Wein verkocht ist, den Reis in der Fleischbrühe weiterkochen.
Sobald die Brühe fast verkocht ist, Butter und den Parmesankäse beimengen.

Von Silvana Plazzini Puska aus: „La cucina siamo noi"

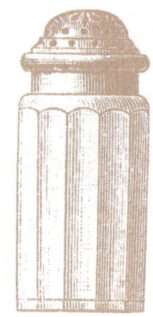

30 g Butter
30 g Mehl
375 ml Milch
100 g Schlagsahne
150 g Schweizer Käse
Salz
1 Prise weißer Pfeffer
2 Eigelb
2 Eiweiß
Fett für Förmchen

Käse-Soufflé

Butter in einem Topf erhitzen, Mehl drüberstreuen und kräftig
durchschwitzen lassen.
Unter ständigem Rühren mit Milch und Sahne ablöschen und kurz
aufkochen lassen.
Käse fein reiben, in die Soße geben und unter ständigem Rühren darin
schmelzen.
Salzen und pfeffern und leicht abkühlen lassen.
Eigelb unter die Soufflémasse ziehen.
Eiweiß sehr steif schlagen und unterheben.
Vier feuerfeste Förmchen einfetten und die Soufflémasse darin verteilen.
Im Backofen bei 200 °C circa 20 Minuten goldbraun backen.
Herausnehmen und sofort servieren.

500–600 g Graukäse
1 Zwiebel
Essig
Pflanzenöl

Graukäse mit Zwiebeln

Den Graukäse in Würfel schneiden.
Die Zwiebel in Ringe schneiden.
In einer Schüssel den Graukäse mit Essig, Öl und Zwiebelringen vermischen
und alles gut durchziehen lassen.
Zimmerwarm mit Weißbrot servieren.

Tipp: Dazu schmeckt ein Glas Rot- oder Weißwein.

500 g Fisolen
1–2 frische Tomaten
5–6 Knoblauchzehen
Salz
Petersilie

Bohnenspeise

Alle Zutaten langsam weichdünsten und mit Salz, Knoblauch
und Petersilie abschmecken.

1 Zwiebel
1 EL Öl
2 gehäufte EL Mehl
circa 2–3 EL Wasser
Salz
500 g Rübenkraut
4 kleine Knoblauchzehen

Pseirer Ruebnkraut

Die Zwiebel fein schneiden, in Öl hell anrösten, das Mehl dazugeben und
eine helle Einbrenn machen.
Diese nun mit Wasser aufgießen, bis ein dicklicher Brei entsteht, salzen.
Frisches, gut ausgedrücktes Rübenkraut und Knoblauchzehen dazugeben.
Mit einer Gabel alles gut durchrühren.

Tipp: Dazu passen besonders gut Schwarzplentene Knödel.

4 hartgekochte Eier
4 EL Essig
4 EL Öl
2 EL Senf
1 Bund Schnittlauch
32 weiße Spargel
4 Scheiben Osterschinken

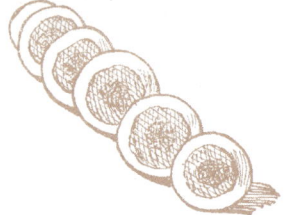

Spargel nach Bozner Art

Mit einer Gabel die Eier zerdrücken, mit Essig, Öl und Senf verrühren.
Gehackten Schnittlauch dazugeben.
Spargel schälen und kochen (die Spargel stehen dabei im Wasser).

Auf einem Teller mit der Soße und dem Schinken anrichten.

12 Porreestangen
1,5 l Wasser
Salz
reichlich geriebener Parmesankäse
50 g Butter

Porree nach Bozner Art

Die Porreestangen unter fließendem Wasser gut putzen, in möglichst
große Stücke schneiden, in Salzwasser weichkochen.
In einer feuerfesten Form nebeneinander schichten, mit geriebenem Käse
bestreuen, mit Butterflocken bedecken und im Ofen goldbraun backen.

Tipp: Passt besonders gut zu gekochtem Rindfleisch.

Aus: „Unser Kochbuch"

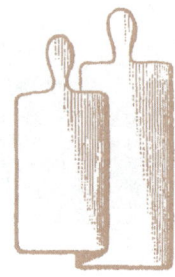

2 Tomaten
2 Zucchini
Salz
Pfeffer
Origano
3 Eier
300 ml Milch
Parmesankäse
Butter

Tomatenfarcé

Tomaten und Zucchini in Scheiben schneiden, abwechselnd in eine
Auflaufform schichten.
Mit Salz, Pfeffer und ein wenig Origano würzen.
Eier und Milch gut verrühren und über das Gemüse geben.
Mit etwas Parmesankäse bestreuen und kleine Butterflöckchen darauf
verteilen.
30 Minuten bei 180 °C im Backrohr backen.

2 EL Butter
500 g Hopfensprossen
1 Knoblauchzehe
150 ml Sahne
Salz
Muskatnuss

Gedünsteter Hopfen

Butter in einem Topf zerlassen, Hopfen und die klein geschnittene Knoblauchzehe in der zerlassenen Butter circa 10 Minuten leicht dünsten. Sahne dazugeben, mit Salz und Muskatnuss abschmecken und servieren.

Tipp: Gedünsteter Hopfen passt ausgezeichnet zu Polenta und Rührei.

1 Zwiebel
1 Knoblauchzehe
1 kleiner Krautkopf
Öl
Pfeffer
Kümmel
Salz
3 EL Wein zum Löschen

Gedünstetes Kraut

Zwiebel und Knoblauch hacken, Kraut hobeln.
Die Zwiebel mit dem Knoblauch in Öl anbraten und leicht braun
werden lassen.
Das Kraut dazugeben und mit Pfeffer, Kümmel und Salz würzen.
Mit etwas Wein löschen und langsam garen.

Tipp: Gedünstetes Kraut passt zu Würsten, Kartoffeln und Knödeln.

Von Marisa Kerschbaumer aus: „Miár Feldthurner kochen"

Für die Krautwickel:
1 Krautkopf
250 g Grünkern
500 ml Wasser
Salz
Majoran
klein geschnittener Stangensellerie
250 g Champignons
Knoblauch
Öl
250 ml Sahne
Parmesankäse

Für die Gorgonzolasoße:
150 g Gorgonzola
1 Tomate
4 EL Sahne
Pfeffer
Parmesankäse
1 EL Olivenöl

Krautwickel mit Gorgonzolasoße

Für die Krautwickel:

Blätter vom Strunk lösen und in einem großen Topf mit kochendem Wasser kurz blanchieren, herausnehmen, mit kaltem Wasser abschrecken und die dicken Stängelenden entweder ausschneiden oder längs dünner schneiden. Grünkern grob schroten, in das gesalzene, kochende Wasser einrühren, einige Minuten gut umrühren, vom Herd nehmen, mit Salz, Majoran und Sellerie abschmecken und zugedeckt 20 Minuten quellen lassen.
Separat die geputzten, klein geschnittenen Champignons und den Knoblauch in Öl dünsten, sodann unter die Grünkernmasse geben.
Nun diese in die Krautblätter einwickeln und in eine gefettete Auflaufform schichten.
Die Sahne darüber verteilen und dick mit Parmesankäse bestreuen.
Im Rohr bei 200 °C circa 30 Minuten überbacken.

Für die Gorgonzolasoße:

Gorgonzola in einem Topf schmelzen, eine zerquetschte und zerkleinerte Tomate dazugeben und mit Sahne, Pfeffer und Parmesankäse abschmecken. Olivenöl dazugeben, alles gut durchmischen und zum Krautwickel reichen.

Von Annelies Leitner aus: „Miår Feldthurner kochen"

1 l Milch
5 EL Weizenmehl
Salz
Butter

Milchmus

In einer flachen Eisenpfanne die kalte Milch (etwa 2 cm hoch) und das
Weizenmehl mit dem Schneebesen gut verrühren und salzen.
Man nimmt so viel Mehl, dass beim Einrühren ein zähflüssiger Brei entsteht.
Bei mäßiger Hitze zum Kochen bringen und dann bei kleiner Hitze köcheln
lassen, bis der Brei Blasen macht, dabei muss ständig gerührt werden.
Das Mus circa 15 Minuten kochen, bis es auf dem ganzen Pfannenboden
leicht anlegt, ohne anzubrennen.
Das Mus bildet dann eine leichte Haut.
Vor dem Servieren wird das Mus mit einem Stück Butter, das auf dem heißen
Mus sofort schmilzt, gleichmäßig bestrichen.

Variante: Einbrennmus
In der Muspfanne Mehl in Butter leicht bräunen, mit kalter Milch aufgießen,
mit Salz abschmecken und gut verrühren.
Langsam kochen lassen, wie beim Milchmus.

Von Sr. Mechthild Hofer aus: „Di Teldra Köscht"

3 Semmeln
5 EL Milch
3 Eier
Butter

Brotschmarrn

Die Semmeln klein schneiden und in der Milch einweichen.
Die Eier dazurühren.
In einer Pfanne die Butter erhitzen und darin den Schmarrn braten.
Zum Brotschmarrn können Marmelade oder Salat serviert werden.

Von Lea Unterhauser Franzelin aus: „Mataner Kochbuch"

Für den Teig:
1 kg Kartoffeln
20 g Mehl
Salz
60 g Butter
2 Eier

Für den Guss:
250 ml Milch
2–3 Eier
3 EL Zucker

Gebackene Erdäpfelnudeln

Für den Teig:
Die Kartoffeln kochen, schälen, heiß passieren und auskühlen lassen.
Die Kartoffelmasse mit Mehl, Salz, weicher Butter und Eiern zu einem glatten Teig verarbeiten.
Eine große Rolle formen, in Scheiben schneiden, wieder kleinere Rollen formen und daraus fingerdicke Nudeln formen.
Die Nudeln in einer mit Butter ausgestrichenen Rein nebeneinander legen, dazwischen immer Abstand lassen, die nächste Reihe quer legen usw.

Für den Guss:
Milch, Eier und Zucker verquirlen, über die Erdäpfelnudel gießen und im Backrohr bei 200 °C circa 20 Minuten backen.

Von Marianna Innerhofer Abraham aus: „Mataner Kochbuch"

Hauptspeisen

ohne Fleisch

700 g Kartoffeln
2 Eier
Salz
Mehl
Butter oder Butterschmalz

Kartoffelschmarrn

Kartoffeln schälen, kochen, passieren und erkalten lassen.
Kartoffeln mit zwei Eiern und etwas Salz vermischen.
Mehl unterrühren, bis eine feste Masse entsteht.
In einer Pfanne mit Butter oder Butterschmalz die Kartoffelmasse unter
fleißigem Rühren, Zerpflücken und Umdrehen schön braun braten.

Tipp: Dazu schmecken frische Milch, Apfelmus und Preiselbeeren.

2 kg mehlige Kartoffeln
Salz
75 ml Milch
6 EL Weizen- oder je nach Geschmack Buchweizenmehl
Butter
1 Lucanica (oder andere Salami)

Torta di patate
(Kartoffeltorte)

Kartoffeln schälen und raspeln. Salzen und mit Milch und Mehl
durchmischen.
Den Brei in eine gebutterte Backform geben, die in Stückchen
geschnittene Lucanica daraufgeben.
Im Ofen bei 180–200 °C für circa 30 Minuten backen.
Sobald sich eine rosarote Kruste gebildet hat, ist die Torta di patate
servierfertig.

Tipp: Krautsalat dazu servieren.

1 mittelgroße Zwiebel
1 kg Kartoffeln (fest kochend)
2 Knoblauchzehen
1 Lorbeerblatt
1 TL Kümmel
2 EL Tomatenmark
1 EL Mehl
1 l Wasser
Knoblauchsalz oder Salz und Pfeffer

Kartoffelgulasch

Die Zwiebel klein schneiden, die Kartoffeln schälen und in größere Stücke
schneiden.
Die Zwiebel in einem großen Topf anbraten, die Kartoffeln dazugeben,
den Knoblauch zerkleinern und mit dem Lorbeerblatt, der Hälfte
des Kümmels und mit dem Tomatenmark gut unter die Kartoffeln rühren.
Alles mit Mehl anstauben und leicht abrösten.
Mit Wasser aufgießen und mit wenig Knoblauchsalz oder Salz und Pfeffer
würzen.
Zugedeckt garen lassen und gelegentlich umrühren, bis die Kartoffeln
gekocht sind.
Den restlichen Kümmel dazugeben und servieren.

Tipp: Dazu passen Krautsalat und ein Stück Weißbrot sowie ein Glas Wein.

Von Rita Gruber aus: „Di Teldra Köscht"

Für die Erdäpfelblattler:
1 kg mehlige Kartoffel
500 g Mehl
1–2 Eier
Salz
Fett zum Backen

Für das Kraut:
1 Krautkopf
Salz
1 EL Mehl
150 ml Wasser
1 Zwiebel
Butter

Erdäpfelblattler mit Kraut

Für die Erdäpfelblattler:
Kartoffeln kochen und passieren, anschließend mit den anderen Zutaten
zu einem festen Teig kneten.
Den Teig ausrollen und runde Blätter ausstechen, in heißem Fett
herausbacken.

Für das Kraut:
Den fein gehobelten Krautkopf kochen, salzen und abseihen.
Das Mehl in einer Tasse Wasser verrühren und über das gekochte Kraut
gießen.
Das Ganze noch ein paar Minuten kochen lassen.
Gehackte Zwiebel in Butter abrösten und unter das Kraut mischen.

Von Anna Lambacher aus: „Miär Feldthurner kochen"

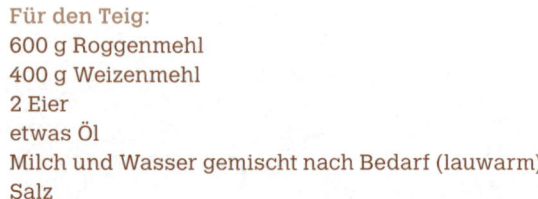

Für den Teig:
600 g Roggenmehl
400 g Weizenmehl
2 Eier
etwas Öl
Milch und Wasser gemischt nach Bedarf (lauwarm)
Salz

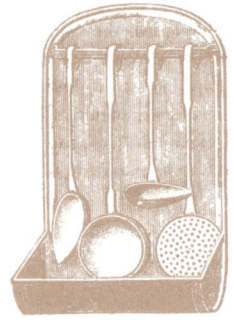

Für die Fülle:
400 g gekochter, fein gehackter Spinat
200 g Topfen
1 gekochte, zerdrückte Kartoffel
Salz
Pfeffer
2–3 EL Schnittlauchröllchen

Erdnussöl zum Backen

Spinattirtlan

Für den Teig alle Zutaten mischen und zu einem glatten Teig
zusammenkneten.
Teig zugedeckt circa 30 Minuten rasten lassen.
Für die Fülle den Spinat mit dem passierten Topfen, der Kartoffel,
den Gewürzen und dem Schnittlauch gut vermischen.
Den Teig dünn zu circa 10 cm runden Blättern auswalken, etwas Fülle
darauf geben, diese etwas verstreichen und ein zweites Teigblatt
darüber geben.
Die Ränder gut andrücken („zusammenpitschen") und mit dem Teigrad
rund abradeln.
Die Tirtlan schwimmend in heißem Fett herausbacken.

Für den Teig:
350 g Roggenmehl
150 g Weizenmehl
1 Ei
2 EL Öl
2 mittelgroße gekochte, passierte Kartoffeln
Salz
Milch nach Bedarf

Für die Fülle:
1 kleine Zwiebel
etwas Öl
300 g gekochte, zerdrückte Kartoffeln
70 g Topfen
Salz, Pfeffer
1 Prise Muskatnuss
2–3 EL Schnittlauchröllchen
etwas Milch

Erdnussöl zum Backen

Schalderer Krapfen

Für den Teig alle Zutaten mischen und zu einem mittelfesten Teig
zusammenkneten.
Für die Fülle die Zwiebelwürfel etwas anrösten, mit den restlichen
Zutaten vermischen und die Fülle abschmecken.
Den Teig dünn auswalken, runde Scheiben ausstechen, diese mit Fülle
belegen, zusammenklappen und die Ränder fest andrücken.
Die Krapfen schwimmend in heißem Öl herausbacken und heiß servieren.

Für den Teig:
250 ml Wasser
30 g Butter
150 g Mehl
Salz
2 Eier

80 g kleine Marillen (oder Zwetschgen)
Würfelzucker
100 g Brösel
120 g Butter
Zucker zum Bestreuen

Marillen- oder Zwetschgenknödel aus Brandteig

Für den Teig das Wasser mit der Butter zum Kochen bringen.
Das Mehl und eine Prise Salz dazugeben und rühren, bis sich der Teig
löst und sich zu einem Klumpen zusammenballt.
Den Topf vom Herd nehmen, abkühlen lassen, die Eier einzeln untermengen.
Den Stein aus den Früchten entfernen und mit einem Stück Würfelzucker
ersetzen.
Den Teig auf ein mit Mehl bestreutes Brett geben.
Eine dicke Rolle formen, in dünne Scheiben schneiden.
Die Früchte darin einwickeln.
Die Knödel in kochendem Salzwasser 5 Minuten langsam kochen.
Brösel in Butter goldgelb anrösten, die Knödel darin drehen.
Mit Zucker bestreuen.

Aus: „Südtiroler Küche für alle Tage"

Für den Teig:
120 g Butter
2 Eier
1 Msp. Schale einer unbehandelten Zitrone
Salz
500 g Magertopfen
300 g Mehl

20 Marillen oder Zwetschgen
20 Stück Würfelzucker
50 g Butter
100 g Semmelbrösel
50 g Zucker
1 TL Zimt

Marillen- oder Zwetschgenknödel aus Topfenteig

Die Butter etwas zerlassen, Eier und Zitronenschale dazugeben, leicht salzen, anschließend den Topfen und zum Schluss das Mehl unterrühren.
Die Masse einige Stunden im Kühlschrank rasten lassen.
Die gewaschenen Marillen oder Zwetschgen mit Würfelzucker füllen, den Teig um die Frucht wickeln und Knödel formen.
In Salzwasser circa 10 Minuten kochen.
Etwas Butter zerlassen, Semmelbrösel dazugeben und kurz rösten, Zucker und Zimt untermischen.
Die gekochten Knödel in den gerösteten Semmelbröseln wälzen und servieren.

Von Dominik Putzer aus: „Mataner Kochbuch"

Für den Teig:
800 g Kartoffeln
250 g Mehl
50 g Butter
5 EL Grieß
2 Eier
etwas Salz

30 Zwetschgen oder Marillen
100 g Brösel
150 g Butter
Zucker

Marillen- oder Zwetschgenknödel aus Kartoffelteig

Kartoffeln kochen und passieren, noch warm mit Mehl,
Butter, Grieß, Eiern und Salz rasch verkneten.
Zwetschgen oder Marillen in den Teig einwickeln.
Knödel in leicht kochendes Salzwasser legen
und 5 Minuten ziehen lassen.
Brösel in Butter anrösten und Knödel darin wälzen.
Zuletzt überzuckern.

Aus: „Unser Kochbuch"

circa 250 ml Milch
8 Eigelb
Salz
2 TL Zucker
500 g Mehl, glatt
8 Eiweiß
circa 250 ml flüssige Sahne
150 g Rosinen
circa 80 g Butter
1 EL Staubzucker
1 EL Vanillezucker
1 Dose Pflaumenkompott oder beliebiges Kompott

Kaiserschmarren

Milch, Eigelb, Salz, Zucker und Mehl gut verrühren.
Eiweiß zu steifem Schnee schlagen, die Sahne unterheben
und Rosinen daruntermischen.
Den Teig vor der Verarbeitung eventuell etwas ruhen lassen.
Die Hälfte der Butter in einer Pfanne erhitzen, die Hälfte des Teigs
hineingießen, auf der Unterseite bräunen lassen, umdrehen und
ebenfalls anbräunen.
Mit zwei Gabeln in kleine Stückchen zerreißen, kurz anrösten und anrichten.
Die zweite Teighälfte ebenfalls so zubereiten.
Den Schmarren vor dem Servieren mit Vanille- und Staubzucker bestreuen.
Mit Pflaumenkompott oder anderem Kompott servieren.

Von Dora Unterthiner aus: „Lasagne, Couscous, Knödel"

500 ml Milch
1 EL Zucker
120 g weißen Grieß
Salz
50 g Butter
2 Eier
1 Msp. Schale einer unbehandelten Zitrone
etwas Rum
Brösel
Öl zum Backen

Süße Grießnudeln

Die gezuckerte Milch aufkochen, Grieß einrühren, salzen, ein paar Minuten köcheln lassen.
Den Brei zugedeckt 30 Minuten stehen lassen.
Butter, Eier, Zitronenschale und Rum einrühren und auf die Arbeitsplatte stürzen.
Den Teig rollen, Scheiben abschneiden und diese wieder rollen und daumendicke Nudeln formen, in Bröseln wälzen und in heißem Fett herausbacken.

Tipp: Mit Himbeersaft servieren.

500 ml Milch
Salz
200 g grobes Schworzplentamehl
100 g Gerstenmehl
4 Eier
250 g reife Palabirn (Vinschger Birnensorte)
100 g Butterschmalz

Schworzplentagreascht mit Palabirn

Milch und Salz in eine Schüssel geben, Schworzplentamehl und
Gerstenmehl mischen, einrühren und zugedeckt mindestens
1 Stunde ziehen lassen.
Vor dem Fertigstellen die Eier zum Teig geben und leicht unterrühren.
Die Palabirn zerdrücken oder blättrig schneiden.
In einer Pfanne Butterschmalz erhitzen, den Teig nicht zu dick eingießen,
mit Palabirn belegen, beidseitig hellbraun backen und zerkleinern.
Diesen Vorgang wiederholen, bis der Teig aufgebraucht ist.

Tipp: Das Schworzplentagreascht kann man nach Belieben mit
Zimtzucker bestreuen.

4 Eiweiß
4 Eigelb
400 g Weizenmehl
200 g Zucker
100 g Polentamehl
400 ml Milch
1 Päckchen Backpulver
5 EL Samenöl
Schale einer unbehandelten Zitrone
Salz

Öl für die Form
Semmelbrösel

Ofenplent

Das Eiweiß steif schlagen, in den Kühlschrank stellen und die
restlichen Zutaten zu einem weichen Teig rühren.
Das Eiweiß unter die Masse rühren.
Den Teig in eine geölte, mit Semmelbrösel bestreute Form geben
und bei 180 °C 45 Minuten backen (Stäbchenprobe).

Tipp: Dazu schmeckt Apfelkompott oder Apfelmus.

Anna Unterhauser Guadagnini mit ihrem Enkelkind Max aus:
„Mataner Kochbuch"

150 g Rundkornreis
400 ml Milch
Salz
20 g Butter
30 g Zucker oder 2 EL Honig
1 Päckchen Vanillezucker
Schale einer unbehandelten Zitrone
2 Eigelb
2 Eiweiß

Reisauflauf

Den Reis mit der Milch und einer Prise Salz weich kochen, die zerteilte Butter
darunter rühren.
Zucker oder Honig, Vanillezucker, Zitronenschale und Eigelb schaumig
rühren und unter den erkalteten Reis mischen.
Zum Schluss das geschlagene Eiweiß unterheben und die Masse in eine
feuerfeste Schüssel füllen.
Im Backofen bei 180 °C circa 30 Minuten hellbraun backen.

Von Tobias Unterhauser aus: „Mataner Kochbuch"

1 kg Weizenmehl
150 g weiche Butter
125 ml Rahm
Etwas Salz
375 ml Milch
Butterschmalz zum Backen
Zerlassene Butter zum Tränken

Topfennudeln

Alle Zutaten zu einem festen, glatten Teig verkneten. Etwa 2 cm große Kugeln formen und in Butterschmalz schwimmend langsam hellbraun backen, Anschließend in einem Suppenteller mit viel zerlassener Butter vollsaugen lassen.

Von Rosa Kirchler aus: „Die Teldra Köscht"

Hauptspeisen

mit Fleisch und Fisch

800 g gekochte Kartoffeln
3 EL Öl
1 Zwiebel
500 g gekochtes Rindfleisch
Salz
Pfeffer
Majoran
1 Lorbeerblatt
30 g Butter
circa 100 ml Fleischsuppe

Boznergröstl

Die gekochten, ausgekühlten Kartoffeln in dünne Scheiben schneiden.
Öl erhitzen, die feingehackte Zwiebel darin anbraten, das blättrig
geschnittene Rindfleisch dazugeben, mit Salz, Pfeffer, Majoran
und Lorbeer würzen.
Die Kartoffeln zufügen, alles gut durchrösten und Butter dazugeben.
Mit etwas Fleischsuppe angießen und durchschwenken.

Tipp: Mit Krautsalat servieren.

1 kg Schweinefleisch (500 g Rippen, 500 g Schulter)
1 EL Knoblauchsalz
1 TL Kümmel
2 EL Öl
200 ml Wasser
Knoblauch
Pfeffer
1 kg Kartoffeln (fest kochend)
1 TL Kümmel

Bauernbratl

Das Fleisch beim Metzger in große Stücke teilen lassen, mit etwas
Knoblauchsalz und Kümmel einreiben.
Die Fleischstücke in heißem Fett rundum anbraten, mit etwas Wasser
aufgießen und 30 Minuten dünsten lassen.
Geschälte und geviertelte Kartoffeln dazugeben, etwas nachsalzen
und pfeffern, den Knoblauch hinzufügen und 45–60 Minuten im Backrohr
bei 160 °C dünsten.
Bei Bedarf noch etwas Wasser zugeben.
Vor dem Anrichten mit etwas Kümmel bestreuen.

Tipp: Dazu passt Krautsalat mit etwas Kümmel.

4 Truthahnschnitzel
2 EL Mehl
1 EL Öl
1 Zweig Rosmarin
4 Salbeiblätter
4 EL Sahne
Salz

Truthahnschnitzel

Truthahnschnitzel leicht klopfen, salzen, auf einer Seite in Mehl wenden und in heißem Öl auf beiden Seiten kurz anbraten.
Auf die Schnitzel viel Rosmarin und etwas Salbei geben, dann mit Sahne aufgießen, das Fleisch darf nicht in der Sahne kochen.
Nachwürzen und schnell servieren.

1 Huhn
Pfeffer
Salz
Thymian
Rosmarin
Öl
1 Karotte
1 Zwiebel
1 EL Mehl
1 EL Tomatenmark
1 EL Paprikapulver
1 rote Paprika
1 grüne Paprika
Gemüsebrühe

Paprikahähnchen

Das Huhn waschen, trockentupfen, innen und außen mit Pfeffer, Salz,
Thymian und Rosmarin würzen und in heißem Öl braun anbraten.
Anschließend in Portionsstücke teilen.
Im Bratfett die fein geschnittene Karotte und die Zwiebel anrösten, mit
Mehl bestäuben, Tomatenmark und Paprikapulver dazugeben, die Hälfte
der Paprika in Streifen schneiden und mitrösten, dann mit Suppe aufgießen.
Die Hühnerteile in die Soße geben und circa 20 Minuten garen lassen.
Soße nachwürzen, den Rest der blanchierten Paprika in feine Streifen
schneiden und auf das angerichtete Huhn legen.

4 Naturschnitzel vom Kalb
1 Zwiebel
2 EL Petersilie
250 g Pfifferlinge
1 EL Butter oder Margarine
1 EL Zitronensaft
125 ml Weißwein
3 EL Sahne

Jägerschnitzel

Naturschnitzel braten.
Die feingeschnittene Zwiebel, gehackte Petersilie und Pfifferlinge in
Butter oder Margarine abrösten.
Mit Zitronensaft, Weißwein und Sahne abschmecken und über die
Naturschnitzel geben.

Aus: „Kloatzensting'l und Friegalawamp'n"

4 dünne Kalbsschnitzel
1 EL Öl
50 g Butter
1 Zitrone
Petersilie

Frittura Piccata

Die Kalbsschnitzel halbieren, Öl und Butter in einer Pfanne heiß
werden lassen und die Schnitzel schnell braun braten.
Die Schnitzel auf einer warmen Platte anrichten, geschälte
Zitronenscheiben darauflegen (oder mit dem Saft beträufeln),
mit gehackter Petersilie bestreuen und vorsichtig das heiße Fett
aus der Pfanne darübergießen.

Aus: „Unser Kochbuch"

1 kg Kalbskeule
Salz
Pfeffer
100 g Butter
50 g Kalbsnierenfett
nach Belieben einige Speckscheiben
1 Zwiebel
3 Nelken

Kalbsbraten

Das Fleisch mit Salz und Pfeffer gut einreiben und 1–2 Stunden
stehen lassen.
Butter, Nierenfett und Speck im Brattopf heiß werden lassen.
Das Fleisch hineinlegen und von allen Seiten anbraten.
Die geschälte Zwiebel zum Braten geben und die Nelken hineinstecken.
Zudecken oder in den Ofen schieben und 1½ Stunden braten.
Länger darf er nicht im Ofen bleiben, sonst wird er zu weich
und zu trocken.
Um zu verhindern, dass die Soße zu braun wird, kann man
Butterflocken zufügen oder etwas Sahne.

Beilage-Tipps: Kartoffelpüree, Croquetten, Erbsen und Karotten.

1 Zwiebel
2 EL Öl
500 g Schöpsernes
Salz
Pfeffer
250 ml Fleischsuppe
½ Wirsing
3–4 Karotten
500 g Kartoffeln
Petersilie

Schöpsernes mit Gemüse

Die Zwiebel grob schneiden, in einem großen Topf mit Öl anbraten.
Das Fleisch in große Stücke schneiden und zur Zwiebel geben, salzen
und pfeffern und kräftig anbraten.
Mit etwas Fleischsuppe aufgießen und 30 Minuten dünsten lassen.
Das grobgeschnittene Gemüse, die Kartoffeln und die Petersilie
dazugeben und garkochen.

Von Hildegard Waldboth aus: „Miår Feldthurner kochen"

1 große Zwiebel
3 EL Öl
500–600 g Schweinefleisch von der Schulter
1 TL Knoblauchsalz
Salz
1 EL Tomatenmark
1 EL Mehl
250 ml Wasser
etwas Kümmel

Schweinsgulasch

Die Zwiebel klein schneiden und in Öl glasig anbraten.
Das Fleisch in Würfel schneiden und mit der Zwiebel braten, bis es
Saft zieht.
Knoblauchsalz, Salz, Tomatenmark und Mehl gut mischen und zum
Fleisch geben.
Mit kaltem Wasser aufgießen und zugedeckt bei mittlerer Hitze
1 Stunde kochen lassen.

Tipp: Als Beilage passen Polenta und Reis, Krautsalat und
gemischter Salat.

Von Adelheid Mairhofer aus: „Di Teldra Köscht"

1 kg Schweinsrippen
Knoblauchsalz
Kümmel
Rosmarin
2 EL Öl
1 große Zwiebel
250 ml Gemüsebrühe
2 große Kartoffeln

Schweinsrippen nach Bauernart

Schweinsrippen mit Knoblauchsalz, Kümmel und Rosmarin einreiben
und zugedeckt eine Nacht kühl stellen.
In einer Pfanne Öl erhitzen, Rippen hineingeben und anbraten,
die klein gehackte Zwiebel dazugeben, goldgelb werden lassen,
mit Suppe aufgießen.
Die geschälten, würfelig geschnittenen Kartoffeln dazugeben und
circa 35 Minuten zugedeckt dünsten lassen.
Sehr heiß servieren.

Tipp: Dazu reicht man Krautsalat oder Winterrettichsalat.

Aus: „Unser Kochbuch"

1 kg Rehmedaillons (8 Stück)	30 g Butter
100 g Speck	4 Schalotten
Pfeffer	700 g gemischte Pilze
1 TL Wacholderbeeren	Salz
250 ml Rotwein (Cabernet)	1 TL Paprikapulver
5 EL Öl	2 EL Mehl
1 Zwiebel	125 ml Sauerrahm
500 ml heiße Fleischbrühe	2 EL gehackte Petersilie
50 g Bauchspeck	

Wildererpfandl

Medaillons von Sehnen und Haut befreien, Speck in Streifen schneiden und
die Medaillons damit spicken. In eine Schüssel legen, pfeffern und mit
den Wacholderbeeren bestreuen. Mit etwas Wein beträufeln und zugedeckt
30 Minuten ziehen lassen.

2 EL Öl erhitzen, geschälte und gehackte Zwiebeln darin anbraten, Sehnen
dazugeben und mitrösten, bis sie Farbe bekommen. Mit Rotwein ablöschen
und 10 Minuten einkochen lassen.

Mit heißer Fleischbrühe aufgießen und bei schwacher Hitze 45 Minuten
einkochen lassen.

Speck würfeln und in 20 g Butter anbraten. Fein gehackte Schalotten
dazugeben und 5 Minuten weiterbraten. Geputzte und in Scheiben
geschnittene Pilze hinzufügen, salzen und mit Paprikapulver würzen,
5 Minuten mitbraten und beiseite stellen.

Medaillons in Mehl wenden und das restliche Öl mit der restlichen Butter
in einer Pfanne erhitzen. Das Fleisch auf beiden Seiten anbraten, salzen und
warmstellen. 1 EL Mehl in den Fond geben und unter ständigem Rühren
circa 1 Minute rösten (ohne anzubrennen!).

Weinsud durch ein Sieb gießen, mit der Beize mischen, Fond damit
ablöschen und unter ständigem Rühren aufkochen lassen. Sauerrahm
unterziehen und mit Salz und Pfeffer abschmecken.

Pilze in eine Schüssel geben, Medaillons darauf anrichten, Soße auf die
Medaillons geben und mit gehackter Petersilie bestreuen.

Tipp: Als Beilage kann man Buchweizenspätzle reichen.

5 kg Schweinefleisch
5 kg Rindfleisch
20 g Salz
25 g Pfeffer
25 g Knoblauch
2,5 g Salpeter
20 g Neugewürz
15 g Nelkenpulver
Rindsdärme

Hauswürste

Das Fleisch faschieren, in eine Wanne geben, diese über Nacht schräg stellen, damit sich das Blut absondert.
Das Fleisch würzen und 40 Minuten gut durchkneten.
Dann fest in gesäuberte Rindsdärme füllen und die Würste abbinden.

Tipp: Man kann die Würste selchen oder einfrieren.

2 Forellen
Salz
1 Zweig Rosmarin
2 Blätter Salbei
1 Knoblauchzehe
1 EL Mehl
etwas Öl oder Butter
250 ml Weißwein zum Löschen
Petersilie
Sahne

Forelle mit Sylvanersoße

Die frischen Forellen ausnehmen und waschen, gut abtrocknen und
innen und außen salzen.
In den Bauch etwas Rosmarin, Salbei und Knoblauch geben, in Mehl
wenden und in einer Pfanne beidseitig langsam braun backen
und über 10 Minuten immer wieder mit Weißwein löschen.
Frisch gehackte Petersilie dazugeben und die Weißweinsoße mit
etwas Sahne verfeinern.

Von Erika Fink aus: „Miär Feldthurner kochen"

100 ml Milch
600 ml Wasser
100 g Wurzelgemüse (Karotten, Stangensellerie, Zwiebel)
1 Lorbeerblatt
1 Thymianzweig
2 fein gehackte Knoblauchzehen
Salz
600 g gewässerter Stockfisch
600 g Kartoffeln
100 g Zwiebeln
50 g Butter
Pfeffer
150 ml Sahne
fein geschnittene Petersilie

Stockfischgreaschtl

Milch, Wasser, Wurzelgemüse, Lorbeer, Thymian, Knoblauch und Salz
aufkochen, den Stockfisch beigeben, 8–12 Minuten bei mäßiger Hitze
garen und im Fond auskühlen lassen.
Den Fisch von der Haut und den Gräten befreien und zerkleinern.
Kartoffeln schälen und kleinblättrig schneiden.
Zwiebel in Butter andünsten, Kartoffeln beigeben, mit Salz und Pfeffer
abschmecken und goldgelb rösten.
Stockfisch, Knoblauch und Sahne dazugeben, nochmals abschmecken,
gut durchschwenken und mit Petersilie bestreuen.

1 Zwiebel
1 Knoblauchzehe
1 Zweig Petersilie (oder andere Kräuter)
600 g gemischtes Hackfleisch (Rind, Schwein)
4 Eier
4–5 EL Semmelbrösel
3 Karotten
1 Zwiebel
500 ml Fleischsuppe

Faschierter Braten

Zwiebel, Knoblauch, Petersilie und andere Küchenkräuter klein hacken und mit dem Hackfleisch und den Eiern vermischen. Alles fest kneten und die Semmelbrösel daruntermischen, sodass der Teig fest wird. Den Teig im Kühlschrank 30 Minuten rasten lassen. Dann zu einer länglichen Form kneten und auf der Ober- und Unterseite in einer großen Pfanne anbraten. In eine längliche ofenfeste Form legen, Karotten und Zwiebel in große Stücke schneiden und dazugeben. Mit Fleischsuppe übergießen und im Backrohr bei 160 °C 1 Stunde braten. Bei Bedarf noch Fleischbrühe dazugießen. Mit dem Zahnstocher kann man testen, ob der Braten innen vollkommen durchgebraten ist (auf dem Zahnstocher darf nichts hängenbleiben).

Tipp: Reis und frischer Krautsalat passen als Beilage dazu.

Nachspeisen, Gebäck

Für den Teig:
120 g Butter
100 g Staubzucker
1 Msp. Schale einer unbehandelten Zitrone
1 Päckchen Vanillezucker
3 Eier
2 EL Sahne oder Milch
300 g Mehl
½ Päckchen Backpulver
Salz

Für die Fülle:
600 g Äpfel
50 g Zucker
40 g Sultaninen (oder auch nicht)
20 Pinienkerne
2 EL Rum (oder auch nicht)
1 EL Zimt
1 Msp. Schale einer unbehandelten Zitrone
1 Päckchen Vanillezucker

Apfelstrudel

Für den Teig:
Die nicht zu kalte Butter mit dem Staubzucker, der Zitronenschale und
dem Vanillezucker in einer Schüssel rasch zu einer homogenen Masse
verarbeiten. Zwei Eier und die Milch (oder die Sahne) dazugeben,
das Mehl und das Backpulver beimischen, salzen und zu einem Teig kneten.
Den Teig 30 Minuten ruhen lassen.

Für die Fülle:
Die Äpfel schälen, entkernen und klein schneiden, mit den anderen Zutaten
gut durchmischen.

Den Teig ausrollen und mit der Apfelmasse belegen. Den Teig mit der
Apfelmasse zum Strudel rollen und mit einem verquirlten Ei bestreichen.
Im Ofen bei 180 °C 35 Minuten backen.

Von Karmen Lantschner aus: „Lasagne, Couscous, Knödel"

Für den Teig:
80 g Butter
120 g Zucker
1 Ei
125 ml Milch
500 g Mehl
1 Päckchen Backpulver
1 Päckchen Vanillezucker

Für die Fülle:
125 ml Milch
60 g Zucker
60 g Honig
150 g geriebener Mohn
80 g Brösel
30 g Rosinen
Schale einer unbehandelten Zitrone

1 Ei und Zuckerwasser zum Bestreichen

Mohnstrudel

Für den Teig alle Zutaten zu einem Teig verarbeiten und gut durchkneten.
Für die Fülle die Milch aufkochen, Zucker und Honig einrühren, dann
alle weiteren Zutaten dazugeben.
Die Masse gut verrühren – sie soll gut streichfähig sein.
Nun den Strudelteig auf einem Tuch ausrollen, die Mohnfülle draufgeben,
einrollen, den Strudel auf ein befettetes Blech legen, mit Ei bestreichen
und bei 180 °C circa eine halbe Stunde backen.
Noch heiß mit Zuckerwasser bestreichen.

Für die Buchweizentörtchen:
65 g Butter
65 g Rohrzucker oder Honig
3 Eigelb
65 g geriebene Haselnüsse
⅓ Päckchen Backpulver
1 Päckchen Vanillezucker
1 Msp. Schale einer
unbehandelten Zitrone
3 Eiweiß
65 g Buchweizenmehl
etwas Butter für die Förmchen

Für die Vanillesoße:
1 Vanilleschote
250 ml Milch
65 g Zucker
Schale einer unbehandelten Zitrone
2 Eigelb
8–10 g Weizenstärke (Frumina)
100 ml Sahne
20 ml Rum

Buchweizentörtchen mit Vanillesoße

Für die Buchweizentörtchen:

Die Butter mit der Hälfte des Zuckers schaumig rühren, die Eigelb unter weiterem Rühren nach und nach zugeben. Haselnüsse, Backpulver, Vanillezucker und Zitronenschale untermischen.
Das Eiweiß schaumig schlagen und den restlichen Zucker dazugeben. Eiweiß, Buchweizenmehl und Butterrührmasse vermengen.
Kuchenförmchen buttern und zuckern, zu drei Vierteln füllen und bei 160 °C 25 Minuten backen.
Die Törtchen aus der Form stürzen und mit der Vanillesoße anrichten.

Für die Vanillesoße:

Vanilleschote in der Mitte aufschneiden und mit einem scharfen Messer das Vanillemark herauskratzen. ¾ der Milch mit Zucker, dem Vanillemark und der Zitronenschale zum Kochen bringen.
Das Eigelb mit restlicher Milch und Weizenstärke in einer Schüssel glattrühren. Zur heißen Milch geben.
Die heiße Milch mit der Eiermasse verrühren und kurz leicht kochen.
Sahne und Rum dazugeben und vermischen.

500 g Mehl
Salz
28 g Germ
2 l Milch
70 g Butter
70 g Zucker
Schale einer unbehandelten Zitrone
2 Eier
100 g Butter
Marmelade zum Füllen

Buchteln mit Vanillesoße

Vanillesoße-Rezept: siehe Rezept auf Seite 102.

Ein Dampfl machen (siehe Glossar), Zucker und Mehl darüber streuen.
Mit einem Tuch zudecken und an einem warmen Ort gehen lassen.
Zerlassene Butter mit Zucker, Zitronenschale und den Eiern verrühren
und zum Teig geben, kräftig schlagen, bis er sich vom Schüsselrand löst.
Wieder zudecken und gehen lassen.
Den Teig auf bemehlter Fläche 2 cm dick austreiben, in Quadrate schneiden,
Marmelade draufgeben, die Enden zusammenschlagen, in zerlassene Butter
tunken und mit der glatten Seite nach oben eng beieinander in eine
gebutterte Bratrein setzen.
Zugedeckt nochmals gehen lassen.
Im Rohr bei 200 °C für 30–45 Minuten backen.
Wenn die Oberfläche schön braun ist, sind die Buchteln fertig.
Mit Vanillesoße servieren.

2,5 kg Weizenmehl
1 kg Roggenmehl
3 Eier
2,5 l Sahne
½ Päckchen Backpulver
1 EL Schnaps
Salz
Milch nach Bedarf

feste Marillenmarmelade zum Füllen
Erdnussöl zum Backen

Vinschger Marillenkrapfen

Für den Teig alle Zutaten mischen und zu einem glatten Teig
zusammenkneten, in Klarsichtfolie einwickeln und im kühlen Keller
mindestens einen halben Tag rasten lassen.
Den Teig auf der Arbeitsfläche dünn auswalken, in regelmäßigen
Abständen etwas Marmelade auf die Teighälfte geben, den Teig
zusammenklappen, fest andrücken und in beliebiger Größe Krapfen
ausradeln.
Die Krapfen in heißem Fett schwimmend herausbacken und
anschließend gut auf Küchenpapier abtropfen lassen.

Für den Teig:
2 kg Weizenmehl
2 Eier
250 g zerlassene Butter
1 l Frischrahm
1 EL Salz
2 EL Zucker

Für die Fülle:
1 kg geschälte Kastanien
Saft von einer halben Zitrone
3 EL Zucker
100 g getrocknete Feigen
100 g Sultaninen
100 g feingehackte Nüsse
(Wal- oder Haselnüsse)
1 Päckchen Vanillezucker
2–3 EL Rum
Vanillezucker
100 g Marillenmarmelade

Erdnussöl zum Backen

Oberlandler Köstnkrapfen

Für den Teig:
Alle Zutaten mischen und zu einem glatten Teig zusammenkneten.
Sollte der Teig zu fest sein, etwas Milch dazugeben.
Den Teig mindestens 30 Minuten rasten lassen.
Anschließend auf der Arbeitsfläche dünn auswalken, in regelmäßigen
Abständen die Fülle darauf geben, Teig zusammenklappen, andrücken
und Krapfen ausradeln.
Die Krapfen in heißem Fett schwimmend herausbacken.

Für die Fülle:
Die Kastanien über Nacht in lauwarmem Wasser einweichen.
Dann die Kastanien mit dem Wasser, dem Zitronensaft und Zucker weich
kochen, abseihen, pürieren und abkühlen lassen.
Anschließend die fein geschnittenen Feigen, Sultaninen und Nüsse dazugeben.
Die Fülle mit Vanillezucker, Rum, Zitronensaft und etwas Marillenmarmelade
abschmecken.
Mindestens 2 Stunden durchziehen lassen und dann eventuell nochmals
abschmecken.

Für den Teig:
1 kg Weizenmehl
120 g Butter
2 Eigelb
1 Ei
60 ml Milch
60 ml Wasser
1 EL Rum
Salz

Für die Fülle:
1 kg gemahlene Haselnüsse
500 g Marillenmarmelade
½ TL Zimt
1 EL Rum

Erdnussöl zum Backen

Obervinschger Nusskrapfen

Für den Teig alle Zutaten mischen und zu einem glatten Teig
zusammenkneten. Den Teig mindestens 30 Minuten rasten lassen.
Für die Fülle die Nüsse mit der Marmelade, dem Zimt und dem Rum
glatt rühren.
Anschließend den Teig auf der Arbeitsfläche dünn auswalken, in
regelmäßigen Abständen die Fülle darauf geben, Teig zusammenklappen,
andrücken und Krapfen ausradeln.
Die Krapfen in heißem Fett schwimmend herausbacken.

Für den Teig:
1 kg Mehl
125 ml Sahne
125 ml Milch
2 EL zerlassene Butter
2 EL Öl
2 Eier
etwas Rum

Für die Fülle:
250 ml Milch
250 g fein gemahlener Mohn
30 g zerlassene Butter
125 g Zucker
1 Päckchen Vanillezucker
1 Schuss Rum
150 g gehackte Walnüsse
Zimt

Erdnussöl zum Backen
Staubzucker zum Bestreuen

Mohnkrapfen mit Walnüssen

Für den Teig alle Zutaten mischen und zusammenkneten.
Den Teig über Nacht rasten lassen.
Für die Fülle Milch und Mohn aufkochen, die anderen Zutaten dazugeben
und die Masse glatt rühren.
Die Mohnfülle erkalten lassen.
Am nächsten Tag den Teig auf einer Arbeitsfläche sehr dünn austreiben,
auf eine Teighälfte in regelmäßigen Abständen etwas Fülle geben, die zweite
Teighälfte darüber klappen, gut andrücken und die Krapfen ausradeln.
Die Krapfen in heißem Öl goldgelb backen und mit Staubzucker bestreut
servieren.

1 l Milch
1 kg Mehl
Salz
6 Eigelb
2 Stamperlen Rum
6 Eiweiß
100 g Zucker
Öl zum Backen
100 g Staubzucker zum Bestreuen
Preiselbeermarmelade

Strauben

Milch, Mehl und Salz verrühren.
Die Eigelb und den Rum kräftig schlagen.
Eiweiß zu Schnee steifschlagen und in die Milch-Mehl-Masse einrühren.
Zucker hinzufügen.
Das Öl erhitzen und den Teig im Straubentrichter einlaufen lassen.
Die Strauben auf beiden Seiten goldgelb backen.
Mit Staubzucker bestreuen und mit Preiselbeermarmelade servieren.

Von Julia Aberham Ursch mit ihrem Ehemann Josef Ursch aus:
„Mataner Kochbuch"

120 g Weizenmehl
2 Eier
125 ml Milch
1 Päckchen Vanillezucker
1 EL Zucker
Salz
4–6 Äpfel, je nach Größe
Samenöl
Staubzucker zum Bestreuen
1 EL Rum

Apfelkiachl

Das Mehl, die Eier, die Milch, den Vanillezucker, den Zucker und das
Salz mischen und zu einem glatten Teig rühren.
Die Äpfel schälen und das Kernhaus ausstechen.
Die Äpfel in Ringe schneiden, in den Teig tauchen und im heißen Öl
beidseitig backen.
Die gebackenen Apfelringe auf Küchenkrepp legen, mit Staubzucker
bestreuen und warm essen.

Tipp: Wenn man dem Teig 1 EL Rum beimischt, werden die Apfelkiachl
weniger fettig. Keine Angst vor dem Alkohol – beim Backen verschwindet
er vollkommen.

Von Maria Kofler aus: „Lasagne, Couscous, Knödel"

1 kg Mehl
6 EL Zucker
60 g Germ
625 ml Milch
1 Ei
5 Eigelb
100 g Butter
2 Päckchen Vanillezucker
1 Stamperle Schnaps

Fett zum Herausbacken
Preiselbeermarmelade und Staubzucker zum Garnieren

Kolterer Kniakiachl

Mehl in eine Schüssel sieben. In die Mitte 2 EL Zucker, dann den Germ
und 125 ml lauwarme Milch geben. Gehen lassen.
500 ml warme Milch und die übrigen Zutaten dazugeben.
Durchrühren, bis der Teig Blasen wirft.
Der Teig darf nicht zu fest sein. Gehen lassen.
Den Teig in kleine Kugeln formen, auf ein bemehltes Tuch geben und
kurz gehen lassen.
Fett erhitzen. Mit den Händen Kiachl formen, rundum ausziehen,
die Kiachl backen.
In die Mitte Preiselbeer-Marmelade geben, mit Staubzucker bestreuen.

Für den Teig:
100 g Butter
200 ml Sahne
3 Eier
800 ml Milch
1 kg Weizenmehl
Salz
1 Päckchen Vanillezucker
1 Stamperle Rum

Für die Fülle:
1 EL Honig
100 g gemahlene Walnüsse
50 g grob gehackte Haselnüsse
1 EL Rohrzucker
1 EL Zimt
½ Tasse lauwarme Milch
Schale einer unbehandelten Zitrone
etwas Marillenmarmelade

Erdnussöl zum Backen
Staubzucker zum Bestreuen

Kurtatscher Polsterzipfel

Für den Teig:
Die Butter zerlassen, Sahne, Eier und die lauwarme Milch dazugeben.
Alles mit dem Mehl, einer Prise Salz, dem Vanillezucker und dem Rum zu
einem Teig verarbeiten und diesen solange kneten, bis er seidig
glänzend ist.
Aus dem Teig 8 Kugeln formen, diese bemehlen und in Klarsichtfolie
eingewickelt circa 15 Minuten rasten lassen.
Der Teig soll bei der Verarbeitung immer lauwarm sein.

Für die Fülle:
Alle Zutaten miteinander vermischen und die Fülle gut abschmecken.
Teig mit dem Rollholz oder mit der Nudelmaschine dünn auswalken.
Rechtecke ausschneiden, mit der Fülle belegen, zusammenklappen und
ausradeln.
In heißem Fett schwimmend goldgelb herausbacken und auf Küchenpapier
abtropfen lassen.
Zum Schluss werden die Polsterzipfel mit Staubzucker bestreut.

Aus: „100 Südtiroler Krapfen"

250 g Weizenmehl
100 ml lauwarme Milch
15 g Germ
1 EL Zucker
20 ml Öl
2 Eier
1 EL Schnaps
½ TL Anis
Salz

Erdnussöl zum Backen

Nigelan

Ein Dampfl machen (siehe Glossar). Den Rest der Milch, Öl, Salz, Eier,
Schnaps und Anis zum Mehl geben und einen eher festen Germteig
zubereiten und diesen solange schlagen, bis er Blasen wirft.
Den Teig zudecken und an einem warmen Ort gehen lassen.
Den Germteig auf ein bemehltes Brett geben und kurz durchkneten.
Aus dem Teig gleichmäßige Stücke zu circa 40 g abschneiden und diese
zu Kugeln formen.
Mit etwas Mehl bestäuben und zugedeckt weitere 15 Minuten gehen lassen.
Mit beiden Händen unter die Krapfen greifen und diese gleichmäßig
rundherum etwas ausziehen, sodass außen ein dicker Wulst entsteht und
der Teil innen durchscheinend wird.
Krapfen sofort ins heiße Fett geben und auf beiden Seiten backen.
Dabei mit einem Kochlöffel heißes Fett auf die Krapfen schöpfen.
Die Krapfen auf einem Küchenkrepp gut abtropfen lassen.

1 l Milch
90 g Weizenmehl
100 g gelben Grieß
100 g weißen Grieß
90 g Buchweizenmehl
1 Päckchen Backpulver
3 Eier
3 EL Zucker
1 TL Salz
1 Päckchen Vanillezucker
Obst nach Geschmack
Butter

Ofengugger

Aus Milch, Mehl, Grieß, Buchweizenmehl, Backpulver, Eiern, Zucker,
Salz und Vanillezucker einen weichen Schmarrenteig machen.
Teig in eine gebutterte Rein geben.
Klein geschnittenes Obst und Butterflocken auf den Teig geben.
1½–2 Stunden bei 170 °C langsam backen.
Mit brauner Butter abschmelzen.

Von Hermine Stocker aus: „Miår Feldthurner kochen"

Für den Rührteig:
100 g Butter
150 g Zucker
Salz
Schale einer unbehandelten Zitrone
2 Eier
100 g Mehl
100 g Kartoffelmehl
1 TL Backpulver

Für den Belag:
500 g Äpfel
100 g Zucker
75–100 g gehackte Walnüsse
75 g Butter

Apfelkuchen „Maria"

Für den Rührteig:
Die weiche Butter, Zucker, Salz, Zitronenschale und die Eier in eine Rührschüssel geben.
Das Mehl mit Kartoffelmehl und Backpulver darauf sieben.
Mit dem Rührbesen zu einem glatten geschmeidigen Teig verrühren.
In eine Springform geben.
Mit bemehlten Fingerspitzen den Teig am Rand etwas hochdrücken.

Für den Belag:
Äpfel in Scheiben schneiden, in die flache Teigmulde legen, mit Zucker und gehackten Walnüssen bestreuen.
Butterflöckchen darauf geben und bei 180 °C 1 Stunde auf mittlerer Schiene backen.
Warm oder kalt servieren.

150 g Butter
150 g Zucker
5 Eigelb
250 g Mehl
2 EL Rum
1 Päckchen Vanillezucker
2 gestrichene TL Backpulver
Schale einer unbehandelten Zitrone
5 Eiweiß
Obst der Saison
Staubzucker

Blechkuchen mit Obst

Butter, Zucker und Eigelb schaumig rühren, Mehl, Rum, Vanillezucker,
Backpulver und die Schale einer Zitrone untermischen.
Eiweiß steif schlagen, vorsichtig unterheben und den Teig auf ein
Backblech geben, mit Früchten der Saison belegen, bei 180 °C
circa 30 Minuten backen und mit Staubzucker bestreuen.

Von Rosa Nitz aus: „Miâr Feldthurner kochen"

100 g Butter
150 g Zucker
3 Eigelb
2 Eier
100 g Schokolade
60 g Semmelbrösel
3 Eiweiß
150 g geriebene Mandeln
500 g Kirschen

Brauner Kirschenkuchen

Die Butter flaumig rühren, Zucker, Eigelb, Eier, die geriebene Schokolade und die Semmelbrösel untermengen.
Gut schaumig rühren.
Gleichzeitig den Schnee von den drei Eiweiß und die Mandeln vorsichtig dazugeben.
Die Masse in eine befettete und bemehlte Form füllen, oben mit Kirschen belegen und bei 170 °C 40–50 Minuten backen.

5 Eigelb
250 g Zucker
5 Eiweiß
250 geraffelte Karotten
250 g gemahlene Haselnüsse
100 g Mehl
Salz
etwas Zimt
Vanillezucker
Schale einer unbehandelten Zitrone
50 g flüssige Butter

Karottentorte

Eigelb mit 150 g Zucker im Wasserbad warm schlagen.
Danach aus dem Wasserbad nehmen und so lange schlagen, bis sie dickcremig ist.
Eiweiß steif schlagen, restlichen Zucker unter weiterem Rühren einrieseln lassen und vorsichtig unter die Eigelbmasse heben.
Karotten, Haselnüsse, gesiebtes Mehl, Salz, Zimt, Vanillezucker und die Zitronenschale vorsichtig unter die Eiermasse mengen.
Die flüssige Butter vorsichtig untermengen.
Die Masse in die ausgebutterte Tortenform einfüllen und im vorgeheizten Ofen bei 170 °C circa 40–50 Minuten backen.

Tipp: Die Karottentorte kann mit Zimtsahne serviert werden.

250 g Butter
250 g Zucker
500 g Mehl
1 Backpulver
2 Eier
Salz
Schale einer unbehandelten Zitrone
2–3 EL Milch (nach Bedarf)
Preiselbeermarmelade
1 Ei zum Bestreichen

Preiselbeerschnitten („Schlangl")

Die Zutaten zu einem festen Teig verarbeiten, rasten lassen, ausrollen, einen breiten Mittelstreifen mit Preiselbeermarmelade bestreichen, die Seiten rechts und links einschlagen, mit Ei bestreichen, bei 180 °C circa 70–80 Minuten backen.

Tipp: Für Weihnachtsbäckerei mit der halben Masse kleine Schlanglschnitten backen.

100 g Mehl
100 ml Milch
1 EL Zucker
Salz
2 Eier
Schwarzbeeren (Heidelbeeren)
Butter

Schwarzbeernocken

Mehl, Milch, Zucker, Salz und Eier zu einem dicken Pfannkuchenteig vermengen.
Reichlich Schwarzbeeren daruntermischen, mit einem großen Löffel Nocken formen und in Butterschmalz langsam herausbacken.

Von Alberta Künig aus: „Di Teldra Köscht"

Für den Kuchen:
150 g Joghurt
150 ml Öl
1 Päckchen Vanillezucker
Schale einer unbehandelten Zitrone
300 g Zucker
3 Eier
350 g Mehl
1 Päckchen Backpulver

Für den Zuckerguss:
125 g Puderzucker
3 EL Zitronensaft

Joghurt-Rührkuchen

Für den Kuchen:
Aus Joghurt, Öl, Vanillezucker, Zitronenschale, Zucker und Eiern eine Schaummasse schlagen.
Mehl und Backpulver mischen und unter die Masse heben.
Den Teig in eine befettete Kastenform füllen und bei 175 °C 55–60 Minuten backen.

Für den Guss:
Puderzucker und Zitronensaft verrühren und den erkalteten Kuchen damit überziehen.

Aus: „Unser Kochbuch"

250 g Preiselbeeren
4 EL kochendes Wasser
4 EL Wasser
100 g Zucker
250 g Topfen
125 ml Milch
1 Päckchen Vanillezucker
Schale einer unbehandelten Zitrone
Weinbrand

Preiselbeer-Topfen-Dessert

Die frischen Preiselbeeren kurz waschen, in ein Sieb geben und mit 4 EL
kochendem Wasser übergießen.
In einem Topf mit 4 EL Wasser und Zucker 5 Minuten aufkochen.
Den Topf vom Herd nehmen und erkalten lassen.
Topfen mit Milch und Vanillezucker glattrühren, Zitronenschale dazugeben.
Preiselbeeren locker darunterziehen und die Speise mit etwas Weinbrand
abschmecken.
Gut gekühlt servieren.

100 g Butter
250 g Zucker
2 Päckchen Vanillezucker
6 Eigelb
Saft einer Zitrone
Schale einer unbehandelten Zitrone
1 kg Topfen
100 g Mehl
1 TL Backpulver
1 Handvoll Rosinen
6 Eiweiß

Topfentorte

Butter, Zucker, Vanillezucker und Eigelb schaumig rühren, Saft und
Zitronenschale beimengen.
Topfen, Mehl, Backpulver und Rosinen dazugeben.
Eiweiß zu Eischnee schlagen, Eischnee leicht unterheben,
Kuchen bei 180 °C für 60–70 Minuten backen.

Aus: „Unser Kochbuch"

4 Eigelb
80 g Staubzucker
1 TL Rum
1 Päckchen Vanillezucker
250 ml Sahne

Schokoladesplitter
etwas Sahne
30 g Staubzucker

Meraner Creme

Eigelb und Staubzucker sehr schaumig schlagen, Rum und Vanille zufügen.
Sahne steifschlagen und locker unterheben.
In Gläser füllen, kaltstellen.
Vor dem Servieren mit gesüßter Schlagsahne und Schokoladesplitter
garnieren.

Aus: „Unser Kochbuch"

170 g Weißbrot (Wecken)
50 g Rosinen
125 ml Milch
500 ml Sahne
30 g Zucker
1 EL Rum
Schokoladenraspeln

Obervinschger Schneamilch

Das Weißbrot in Würfel schneiden und in eine flache Schüssel geben.
Rosinen waschen, über das Brot verteilen und mit etwas Milch anfeuchten.
Die Sahne mit etwas Zucker nicht zu steif schlagen, Rum dazugeben und
gleichmäßig über das Brot verteilen.
Die Schneamilch 1 Stunde zugedeckt im Kühlschrank ziehen lassen.
Vor dem Servieren mit geraspelter Schokolade bestreuen und auf Tellern
anrichten.

150 g Butter
200 g Zucker
4 Eigelb
100 g Mehl
1 TL Backpulver
150 g geriebene Haselnüsse
100 g Blockschokolade
4 Eiweiß

Eisacktaler Schokoladekuchen

Butter flaumig rühren, Zucker und Eigelb nach und nach dazugeben.
Mehl mit Backpulver, Haselnüssen, gehackter Blockschokolade
untermischen und zum Schluss die Eiweiß zu Eischnee schlagen
und leicht unterziehen.
Kastenform mit Pergamentpapier auslegen, bei 180 °C circa 45 Minuten
backen.

Von Anna Meraner aus: „Miår Feldthurner kochen"

6 Eiweiß
140 g Zucker
90 g Mehl
1 TL Backpulver
75 g zerlassene Butter
80 g ungeschälte geriebene Mandeln oder Nüsse
Butter zum Fetten der Backform

Eiweißkuchen

Das Eiweiß zu Schnee schlagen und mit dem Zucker verrühren.
Mehl und Backpulver mischen.
Die zerlassene (aber nicht heiße) Butter, das Mehl und die geriebenen
Mandeln unter den Eischnee mengen.
Das Ganze in einer gut gefetteten Kastenform bei 180 °C circa
45 Minuten backen.

Tipp: Schmeckt sehr gut mit Schokoladeglasur überzogen.

Aus: „Kloatznsting'l und Friegalawamp'n"

250 g Butter
200 g Zucker
1 Päckchen Vanillezucker
4 Eier
Schale einer unbehandelten Zitrone
500 g Mehl
1 Päckchen Backpulver
500 ml Milch
200 g Rosinen
Butter zum Einfetten der Guglhupfform
Brotbrösel zum Bestreuen der Kuchenform

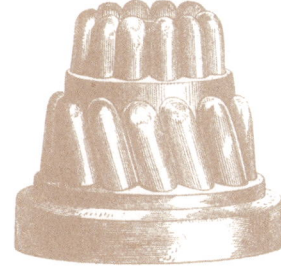

Guglhupf

Die Butter schaumig rühren.
Zucker, Vanillezucker, Eier und Zitronenschale langsam in die schaumig
geschlagene Butter einrühren.
Mehl und Backpulver mischen.
Abwechselnd Milch und die Mehl-Backpulver-Mischung in die Masse
einrühren.
Zuletzt die Rosinen unter den Teig heben.
Guglhupfform mit etwas Butter einfetten und mit Brotbröseln ausstreuen.
Anschließend den Teig in die Form geben.
Auf unterster Schiene bei 180 °C 65–70 Minuten backen.

Von Moar Burgl (Notburga Dorfmann) aus: „Miår Feldthurner kochen"

11 Eiweiß
11 Eigelb
280 g Staubzucker
280 g geriebene Mandeln
35 g abgezogene, geschnittene Pistazien
35 g Zitronat
Vanillezucker
Schale einer unbehandelten Zitrone
Salz
1 EL Kartoffelmehl
1 Msp. Backpulver
Butter für die Backform

Moostorte

Eiweiß zu Schnee schlagen, Eigelb mit Staubzucker sehr schaumig
rühren, die geriebenen Mandeln, Pistazien, das Zitronat, den
Vanillezucker und die restlichen Zutaten leicht unterheben.
In eine große gefettete Backform füllen und bei 170 °C circa
60–70 Minuten backen.

250 g Schwarzbrot
100 g zartbittere Schokolade
80 g Zucker
750 g Magertopfen
2 Päckchen Vanillezucker
2 EL Johannisbeermarmelade

Verschleiertes Bauernmädel

Brot entrinden und klein zerkrümeln, Schokolade grob reiben.
Brot, Schokolade und Zucker vermischen.
Topfen und Vanillezucker verrühren.
2 EL von der Brot-Schokolade-Mischung beiseitelegen.
Die restliche Brot-Schokolade-Mischung und den Topfen abwechselnd
in Dessertschüsselchen einschichten.
Mit Topfen aufhören.
Den Rand mit dem beiseitegelegten Brot verzieren und in die Mitte
etwas Johannisbeermarmelade in Blütenform geben.

Aus: „Kloatzensting'l und Friegalawamp'n"

300 g Dörrzwetschgen
1 Eiweiß
100 g Mehl
125 ml Weißwein
30 g Zucker
Schale einer unbehandelten Zitrone
250 g Fett oder 250 ml Öl
30 g Zucker
60 g Schokolade

Schlosserbuam

Dörrzwetschgen in kaltem Wasser einlegen, anschließend im Einlegwasser weich kochen, vorsichtig den Kern auslösen.
Eischnee schlagen.
Aus Mehl, Wein, Zucker, Zitronenschale und Eischnee einen Teig rühren und die Zwetschgen darin tunken.
Fett erhitzen, Zwetschgen darin backen.
Abtropfen lassen und noch warm in Zucker und geriebener Schokolade wälzen.

400 g Dinkelmehl
1 Päckchen Backpulver
1 Päckchen Vanillezucker
350 g Butter
150 g Zucker
1 Ei
200 g gemahlene Mandeln
etwas Honig
Salz
Marmelade zum Bestreichen

Mataner Spitzbuben

Mehl mit Backpulver und Vanillezucker vermischen.
Die Butter in kleine Stücke schneiden und auf dem Mehl verteilen.
Den Zucker, das Ei und die Mandeln dazugeben und zu einem Teig kneten.
Honig und Salz dazugeben.
Den Teig 2 Stunden stehen lassen, dann ausrollen.
Eine Hälfte als ringförmige, die andere Hälfte als runde Plätzchen
ausstechen und bei circa 170 °C 10 Minuten backen.
Die runden Plätzchen mit Marmelade bestreichen und die ringförmigen
daraufsetzen.

Von Theo Stürz und Alex Codalonga aus: „Mataner Kochbuch"

Für den Teig:
Dickflüssiger Backteig (siehe Apfelkiachl S. 109)

Für die Fülle:
150 ml Milch
200 g geriebener Mohn
50 g Zucker
Staubzucker zum Bestreuen

Ahrntaler Mohnbällchen

Milch in einen Topf geben und den geriebenen Mohn und Zucker einrühren, aufkochen und zu einem dicken Brei einkochen. Abkühlen lassen.
Aus dieser Masse werden 2 bis 3 cm dicke Bällchen geformt, in den dickflüssigen Backteig getaucht und in Fett schwimmend herausgebacken.
Auf saugfähigem Küchenpapier abtropfen lassen und mit Staubzucker bestreuen.

Verschiedenes

Für das Dampfl:
3 EL Milch
20 g Hefe
1 TL Zucker
1 EL Mehl

600 g Weizenmehl
400 g Roggenmehl
800 ml warmes Wasser
Salz
Fenchel
Brotklee

Mataner Breatl

Ein Dampfl machen (siehe Glossar), anschließend das Dampfl und die restlichen Zutaten zu einem flüssigen Teig schlagen. Nach circa 15 Minuten den Teig auf den Tisch legen und daraus kleine (circa 70–80 g), runde Teiglinge formen.
2–3 Stunden gären lassen und dann bei 240 °C Unterhitze knusprig backen.

Von Gabriel Wegseheider aus: „Mataner Kochbuch"

500 g Vollkorn-Weizenmehl
30 g Germ
2 TL Salz
2 EL heller Honig
300 g Topfen
2 Eier
250 ml Milch
etwas Fenchel
60 g verschiedene Flocken zum Garnieren

Topfenbrötchen

Alle Zutaten zu einem geschmeidigen Teig verkneten und 15 Minuten
aufgehen lassen.
Kleine Brötchen formen, mit den Flocken bestreuen und auf ein Blech geben.
Nochmals aufgehen lassen und bei 200 °C 25 Minuten backen.

Von Erna Rier aus: „Miâr Feldthurner kochen"

25 g Feigen
350 g Nüsse
250 g Rosinen
100 g Schnitz (getrocknetes Obst)
1 Stamperle Rum
½ TL Zimt
½ TL Nelkenpulver
3 EL Zucker
500 g Weizenmehl
3 Würfel Germ
5–6 EL Sauerteig
500 g Roggenmehl
1 TL Kümmel
1 TL Brotklee
Salz
750 ml Wasser
1 EL Butter

Bauernzelten

Feigen in dünne Streifen schneiden, Nüsse sehr grob hacken und zusammen mit den Rosinen und dem „Schnitz" mit Rum übergießen.
Zimt, Nelkenpulver und ein wenig Zucker drüberstreuen und über Nacht zugedeckt ziehen lassen.
Aus Mehl und Germ ein Dampfl machen (siehe Glossar), gehenlassen, dann mit dem Sauerteig, dem übrigen Mehl, Kümmel und Brotklee, dem Salz und dem lauwarmen Wasser zu einem nicht zu festen Teig verarbeiten.
Diesen in einer Schüssel zugedeckt 1 Stunde gehen lassen.
Sodann Rosinen, Schnitz und Nüsse einkneten, den Teig teilen und nicht zu flache Laibe daraus formen.
Diese wiederum 1 Stunde gehen lassen, dann im vorgeheizten Backofen bei 200 °C 1 Stunde backen.
Während des Backens eine Schüssel mit Wasser ins Rohr stellen.
Herausnehmen und noch heiß mit Wasser, dann mit zerlassener Butter bepinseln.

125 g Trockenpflaumen
125 g getrocknete Aprikosen
3 Eier
125 g Zucker
125 g Haferflocken
6 g Backpulver
1 Rumaroma
125 g Haselnüsse
250 g Rosinen
60 g Mandeln
Butter für die Backform
Haferflocken zum Bestreuen der Backform

Früchtebrot

Trockenpflaumen und getrocknete Aprikosen klein schneiden.
Die Eier mit dem Zucker schaumig schlagen.
Haferflocken und Backpulver daruntermischen, Rumaroma beigeben.
Trockenpflaumen, getrocknete Aprikosen, Haselnüsse, Rosinen und
Mandeln unter den Teig mischen.
Kastenform fetten und mit Haferflocken ausstreuen.
Den Teig in die Kastenform geben und die Oberfläche glatt zudrücken,
damit die Spitzen nicht anbrennen.
Im vorgeheizten Backofen den Teig circa 90 Minuten bei 180 °C backen.

Von Anita Raiter aus: „Miår Feldthurner kochen"

600 ml Wasser
etwas Zimtrinde
4 Nelken
etwas Zitronenschale
150–200 g Zucker
900 g Kirschen

Kirschenkompott

Wasser, Zimtrinde, Nelken, Zitronenschale und Zucker 8 Minuten kochen.
Abseihen.
Gewaschene Kirschen in den Sud geben, kurz aufkochen und etwas
ziehen lassen.
Kochendheiß in sterilisierte Gläser abfüllen.

Aus: „Das KVW-Kochbuch"

1 kg Rhabarber
700 ml Wasser
etwas Zitronensaft
etwas Zimtrinde
5 Gewürznelken
250–300 g Zucker

Rhabarberkompott

Den Rhabarber schälen und in circa 2 cm große Stücke schneiden.
Wasser, Zitronensaft, Zimtrinde, Gewürznelken und Zucker 8 Minuten kochen.
Abseihen.
Rhabarber in den Sud geben und 3–5 Minuten kochen.
Kochendheiß in sterilisierte Gläser abfüllen.

1 kg Hagebutten
1 l Wasser
40 g Zitronensäure
Saft von 2 Zitronen
1 kg Zucker
2 kg Gelierzucker

Hagebuttenmarmelade

Die Hagebutten gut mit Wasser bedeckt circa 30 Minuten kochen.
Die weich gekochten Hagebutten durch die Flotte Lotte treiben.
Zitronensäure und den Saft von 2 Zitronen hinzugeben.
Dann mit dem Zucker und Gelierzucker 10 Minuten kochen lassen.
Heiß in ausgekochte Gläser abfüllen und gut verschließen.

Von Anna Fink aus: „Miår Feldthurner kochen"

5 kg Granten
1 kg Zucker

Grantenmarmelade

Die Granten 30 Minuten in einem Topf kochen.
Zucker dazugeben und noch einmal aufkochen lassen.
Heiß in ausgekochte Gläser abfüllen und gut verschließen.

Von Andrea aus: „Miår Feldthurner kochen"

20 kg reife Zwetschgen
30 Stück Gewürznelken
circa die gleiche Menge Zimtrinden
5 kg Zucker

Zwetschgenmarmelade

Zwetschgen entkernen, in Stücke schneiden und einige Stunden im Kochtopf ruhen lassen.
So bildet sich Flüssigkeit am Topfboden, die das Anbrennen verhindert.
Die Gewürze in ein dünnes Tuch wickeln und so mit den Zwetschgen und dem Zucker kochen.
Die Marmelade ist fertig, sobald sich die Zwetschgenschalen eingerollt haben.
Die Marmelade in Gläser abfüllen und mit dem Deckel nach unten einen Tag lang ruhen lassen.
Am nächsten Tag umdrehen.

Von Georg Kerschbaumer aus: „Miâr Feldthurner kochen"

1 kg Kaiserbirnen (oder Williamsbirnen)
600 g Zucker
Schale einer unbehandelten Zitrone
2–3 Briefchen Safran oder 1 TL Safran

Birnenmarmelade mit Safran

Die Birnen schälen, in kleine Würfel schneiden und mit dem Zucker und den klein geschnittenen Zitronenschalen (ohne weiße Haut) mischen und circa 1 Stunde ziehen lassen.
In einen Stahltopf geben und aufkochen, wenn nötig abschäumen.
Den Safran einrühren und einkochen, bis eine gute Konsistenz erreicht ist. Dabei aufpassen, dass die Marmelade nicht anbrennt und öfters (mit einem Holzlöffel!) umrühren.
In kleine Weckgläser mit Schraubdeckel füllen, auf den Kopf stellen und so auskühlen lassen.

Tipp: Die Marmelade passt sehr gut zu gereiften Käsesorten.

Variante: Anstatt Safran kann man auch frisch geriebenen Ingwer großzügig dazugeben.

Von Vilma Modena Mrkos aus: „Mataner Kochbuch"

1,5 kg unbehandelte Orangen mit dünner Schale
1 kg Gelierzucker

Orangenmarmelade

Orangen schälen, Fruchtfleisch und Orangenschalen klein schneiden,
mit Gelierzucker mischen und circa 4 Stunden stehen lassen.
Mit Wasser aufgießen und langsam zum Kochen bringen.
5 Minuten sprudelnd kochen.
Die Marmelade noch heiß in saubere, warme Marmeladengläser füllen
und gut verschließen.

3,5 kg Tomaten
2½ Weingläser Öl
2 Weingläser Essig
½ Weinglas Zucker
½ Weinglas Salz
3 Muskatnelken
800 g Fisolen
600 g Karotten
800 g Karfiol
500 g Zwiebel
600 g Paprika
1 Tube Senf

Eingelegtes Gemüse

Die Tomaten 1 Stunde kochen und anschließend passieren.
Die Hälfte des Öls mit Essig, Zucker, Salz, Muskatnelken, Fisolen, den kleingeschnittenen Karotten und den passierten Tomaten 30 Minuten kochen.
Den Karfiol 10 Minuten kochen, die Zwiebel 5 Minuten und Paprika 4 Minuten kochen.
Alles zusammengeben, Senf hinzufügen und heiß in Gläser füllen.

Aus: „Miår Feldthurner kochen"

1 l Milch (aus einem Liter entrahmter Frischmilch
gewinnt man zwei Kugeln Käse)
etwas Buttermilch oder 1–2 EL Weißweinessig
Salz

Hartkäse aus entrahmter Milch

(Zigokaas)

Die Milch sauer werden lassen, etwas (saure) Buttermilch dazugeben und
die Milch erhitzen (aber nicht kochen), bis Topfen entsteht.
Man kann ersatzweise auch 1–2 EL Weißweinessig dazugeben, um einen
schönen Topfen zu erzielen.
Den Topfen abseihen, in ein Tuch schütten und auspressen oder gut
abtropfen lassen.
Gut salzen und verrühren.
Zwei feste Knödel formen und in der Wärme, aber vor Fliegen gut geschützt,
trocknen lassen.
In den ersten Tagen die Knödel immer wieder umdrehen, bis der Käse
getrocknet ist.
Dann lässt sich der Zigokaas reiben und z.B. auf die Nudeln streuen.

Von Anna Küning Ebna aus: „Di Teldra Köscht"

12 Holunderblüten
Saft von 15 Zitronen
1¼ l Wasser
2¾ kg Zucker

Holundergetränk

(oder Sirup)

Holunderblüten, Zitronensaft und Wasser mischen.
24 Stunden stehen lassen, dann die Blüten ausdrücken und abseihen.
Den Zucker in den Saft einrühren, auflösen und in Flaschen abfüllen.
Luftdicht verschließen.
Für den sofortigen Verzehr geeignet.

147   Aus: „Das Kräuterbuch der Treiner Rosa"

77 Melissenblätter
Schale von 2 unbehandelten Zitronen
600 g Zucker
600 ml Wasser
250 ml Schnaps

Melissenlikör

Melissenblätter, Zitronenschale und Zucker in einen Topf Wasser geben und alles kochen lassen.
Der erkalteten Menge den Schnaps zufügen, in Flaschen abfüllen und 9–10 Tage in der Sonne stehen lassen.

1 l Schnaps
250 ml Wasser
500 g Zucker
10–12 grüne, gehackte Nüsse
1 Zimtstange
½ TL Gewürznelken
70 g Magenzucker
Schale einer unbehandelten Zitrone
Schale einer unbehandelten Orange

Nusslikör

Alle Zutaten in einen Topf geben, verrühren und aufkochen lassen.
Den Sud 20 Tage lang stehen lassen.
Anschließend den Likör abseihen und in Flaschen füllen.

Von Maria Broseghini Degasperi aus: „Mataner Kochbuch"

1 l Alkohol (95 %)
1 l Wasser
800 g Zucker
Schale von 8–10 unbehandelten Zitronen

Zitronenlikör

Alle Zutaten in einen Topf geben und circa 30 Tage stehen lassen,
abseihen und in Flaschen abfüllen.

Von Elsa Oberhofer aus: „Miår Feldthurner kochen"

50–100 g Anis
1 l Treber
1 l Wasser
900 g Zucker

Anisschnaps

Anis in Schnaps ansetzen und in der Wärme stehen lassen.
Nach 14 Tagen Schnaps abseihen.
1 l Wasser mit 900 g Zucker kochen, auskühlen lassen und zum Schnaps geben.
Umrühren und in Flaschen abfüllen.

Von Rosa Gamper aus: „Miår Feldthurner kochen"

2 kg Holunderbeeren
2 l Wasser
750 g Zucker
500 ml Treber
1 Päckchen Vanillezucker
1 Zimtrinde
½ TL Muskatnelken

Holunderschnaps

Holunderbeeren und Wasser 1 Stunde kochen lassen, durchpassieren,
den Zucker dazugeben und weitere 30 Minuten kochen lassen.
Schnaps erhitzen und mit dem abgekühlten Saft mischen.
Vanillezucker, Zimtrinden, Muskatnelken dazugeben und den Sud
aufkochen lassen.
In Flaschen abfüllen.

1 l Treber
100 g Kandiszucker
100 g Schlehen (geerntet nach den ersten Frostnächten
im Herbst oder vor der Zubereitung kurz einfrieren)

Schlehdornschnaps

Die Zutaten in eine Flasche füllen, mischen, verschließen und den
Schnaps drei Wochen im Dunkeln stehen lassen.

Aus: „Kolterer Gschichtlen und Rezepte"

Glossar

Abschmelzen: mit geschmolzener Butter übergießen

Dampfl: Vorteig vom Germteig. Mithilfe des Dampfls wird zum einen die Triebkraft des Germs überprüft, zum anderen kann die Triebfunktion optimal eingeleitet werden.
Zubereitung: 3 EL lauwarme Milch, etwas Zucker, 1 EL Mehl und Germ (Hefe) mit dem Schneebesen glattrühren, mit etwas Mehl bestauben und mit einem Tuch zudecken. Das Dampfl an einem warmen Ort aufgehen lassen. Das Dampfl ist fertig, wenn sich das Volumen etwa verdoppelt hat und sich an der Oberfläche grobe Risse gebildet haben.
Das Dampfl ist aber nicht unbedingt erforderlich, wenn man frischen Germ hat.

Durchpassieren: pürieren

Einbrenn: in Butter angebratenes Mehl

Fisolen: grüne Bohnen

Frigal, Frigelen oder Friegalan: Klumpen oder Knöllchen, die durch Reiben (vergleiche italienisch „fregare") zwischen den Handinnenflächen, beispielsweise für die Frigalasuppe, hergestellt werden.

Frittaten: in dünne Streifen geschnittene Pfannkuchen

Germ: Backhefe

Granten: Preiselbeeren

Greascht oder Gröstl: Geröstetes (meist Kartoffeln)

Kiachl: Bauernkrapfen

Kniekiachl: Bauernkrapfen, die ursprünglich in Form gebracht wurden, indem der Koch oder die Köchin den Teig über dem Knie auszog.

Kutteln: Vormagen von Wiederkäuern

Magenzucker: ein mit Zimt und Nelkengeschmack verfeinerter Würfelzucker, der in Südtirol für Liköre verwendet wird.

Nocken: kleine, ovale Klöße

Paarlbrot: Brot aus Weizenmehl und Sauerteig

Palabirn: Birnensorte aus dem Vinschgau

Polentamehl oder Plent: Maismehl

Porree: Lauch

Rein oder Reine oder Reindl: ein flacher, meist rechteckiger Kochtopf, auch: Kasserolle

Ruebnkraut: eingesäuerte Krautrübe

Schlangl: eingerollter Teig, ähnlich dem Strudel

Schlutzkrapfen oder Schlutzer: Teigtaschen aus Nudelteig mit einer Spinatfüllung

Schöpsernes: Lammfleisch

Schwarzbeeren: Heidelbeeren

Schwarzplenten oder Schworzplenta: Buchweizenmehl

Selchfleisch: Rauchfleisch

Spätzlehobel, auch Spatzlraffl: Küchengerät, bestehend aus dem Hobel und dem Teigbehälter. Der Teig wird in den Behälter gefüllt, welcher gleichmäßig über den mit Löchern versehenen Hobel gezogen wird. Die Spatzln fallen durch die Löcher in das Wasser.

Straubentrichter: Trichter, durch den der Straubenteig in die Pfanne gegossen wird.

Topfen: Quark

Treber: Schnaps aus gegorenen Traubenresten

Tschutsch: Auflauf aus dem Südtiroler Unterland

Literaturverzeichnis

Bauernbund Kaltern (Hrsg.): Kolterer Gschichtlen und Rezepte. Kaltern 2005

Cagol, Laura (Hrsg.): La cucina siamo noi. Ricette e ricordi della terra d'origine. Bozen: Edition Raetia 2007

Caritas Diözese Bozen-Brixen (Hrsg.): Lasagne, Couscous, Knödel. Meran 2011

Das Komitee der Feldthurner Dorfbildungswoche (Hrsg.): Miär Feldthurner kochen. Brixen: A. Weger 1997

Eder, Anton/Eder-Ferdigg, Anna: Di Teldra Köscht. So koch(t)en die Ahrntaler. Bozen: Edition Raetia 2008

F. K., Maya: Südtiroler Küche für alle Tage mit 239 Rezepten mit fachlicher Beratung von Sepp Nussbaumer. Bozen: Tappeiner Verlag 1987

Freundeskreis Treiner Rosa (Hrsg.): Das Kräuterbuch der Treiner Rosa. Rezepte aus der Volksmedizin. Bearbeitet von Dr. Zita Marsoner-Staffler und Moritz Schwienbacher. 3. Auflage. Bozen: Edition Raetia 2003

Karitative Frauengruppe: Kloatznsting'l und Friegalawamp'n. Rezepte in Steinegg ausprobiert. 1989

Lanthaler, Peter (Hrsg.): Das KVW-Kochbuch: einfach & gut. Meran: KVW Bezirk Meran 1998

Platzer, Erik/Asam, Oskar/Theiner, Otto (Hrsg.): Köstliches aus dem Vinschgau. Bozen: Verlagsanstalt Athesia 2008

Schützenkompanie Montan (Hrsg.): Mataner Kochbuch. Menschen & Rezepte. Neumarkt: EFFEKT! BUCH! 2010

Südtiroler Bäuerinnenorganisation/Abteilung land-, forst- und hauswirtschaftliche Berufsbildung (Hrsg.): 100 Südtiroler Krapfen. Bäuerinnen verraten ihre Rezepte. Bozen: Edition Raetia 2005

Unser Kochbuch. Sorgsam gehütete Rezepte von Obermaiser Frauen gesammelt. Meran 1990

Register

Südtiroler Kochtradition

Das legendäre Kochbuch mit den besten
handgeschriebenen Rezepten der Hausfrauen aus Meran.
Neu aufgelegt als robustes Hardcover!

Unser Kochbuch
Sorgsam gehütete Rezepte
von Obermaiser Frauen gesammelt

228 Seiten | ISBN: 978-88-7283-915-7
Euro 17,90 [I]; 19,90 [D/A]